LENJA UND DER LÖWE

Eine Geschichte über wahre
Freundschaft, Mut und
Selbstvertrauen
Ein inspirierendes Vorlesebuch für
Kinder von 4 – 8 Jahren

Ziska Fischer

Lenja und der Löwe

Eine Geschichte über wahre Freundschaft, Mut und Selbstvertrauen - Ein inspirierendes Vorlesebuch für Kinder von 4 - 8 Jahren

Copyright © 2022 Alexander Puhan

Herausgeber: Alexander Puhan

Autor: Ziska Fischer

Lektorat: Tina Müller

ISBN 978-3-949520-04-4
Druck und Vertrieb:
Amazon Kindle Publishing
Die zweite Ausgabe, 2022

Bei Fragen und Anregungen:
info@lesewurm-verlag.de
http://dnb.dnb.de

Inhalt

KAPITEL 1

Mitgefühl

Als Lenja die Augen aufschlug, lag sie nicht mehr im gemütlichen Bett ihres hübschen Schlafzimmers, sondern fand sich zwischen grünen Farnen und riesigen Bäumen wieder. Um sie herum hörte sie die Geräusche des Dschungels. In der Ferne kreischten die Affen, die Insekten surrten ihr um die Ohren und die fremdartigen Vögel zwitscherten. Zögerlich stand Lenja auf und sah sich um. Grüne Dschungelpflanzen so weit das Auge reichte. Sie konnte sich nicht erinnern, wie sie hierhergekommen war. Gerade eben hatte Mama sie doch noch ins Bett gebracht. Eine Weile grübelte sie noch, was nun zu tun war, doch dann beschloss sie einen Weg aus dem Dschungel zu suchen. Entschlossen begann sie sich einen Pfad durch die dichten Pflanzen zu bahnen.

Der Dschungel war sehr dicht und ihre nackten Füße verursachten schmatzende Geräusche auf dem schlammigen Boden. Ihr Nachthemd verfing sich in den Ästen der Sträucher, und sie musste aufpassen, um nicht über die verschlungenen Wurzeln zu stürzen. Doch immerhin konnte Lenja gelegentlich die Sonne zwischen dem grünen Blattwerk aufblitzen sehen. Ein riesiger Tausendfüßler krabbelte vor ihr über den Weg und ein Vogel, der in allen Farben des Regenbogens leuchtete, zwitscherte fröhlich von einem Ast auf sie hinab. Gerade hatte sie sich ein wenig an das mühsame Vorankommen gewöhnt und begann, die Schönheiten des Dschungels zu bemerken, als ein Geräusch sie plötzlich aufhorchen ließ.

Es klang wie ein lang gezogenes Jaulen, das sie an ihre Katze Poppy erinnerte. Vorsichtig schlich Lenja in Richtung des Geräusches. Da, zwischen den herunterhängenden Lianen, unter einem alten Baum lag ein sehr großes, haariges Tier. Lenja konnte kaum glauben, was sie da sah und hielt vor Schreck den Atem an. Nur einen Meter von ihr entfernt lag ein ausgewachsener Löwe im Dickicht! Seine mit Krallen besetzten Pranken waren so groß wie Lenjas Gesicht und seine Zähne funkelten gefährlich im Sonnenlicht. Er hatte sie noch nicht bemerkt, denn seine ganze Aufmerksamkeit galt einer Verletzung an seiner Seite. Langsam trat sie näher heran. Trotz seiner Größe und seiner spitzen Zähne sah der Löwe so verzweifelt aus, dass Lenja das Bedürfnis hatte, ihm zu helfen. Als sie das große Tier fast erreicht hatte, bemerkte der Löwe sie und schoss mit einem ohrenbetäubenden Brüllen auf das kleine Mädchen zu! Lenja schrie laut auf und wich erschrocken mehrere Meter zurück.

„Was willst du?", fuhr der Löwe sie zornig an. Er hatte eine tiefe, raue Stimme und Lenja bereute, dass sie sich so nah herangewagt hatte. Trotzdem nahm sie all ihren Mut zusammen und antwortete ihm tapfer: „Ich habe dich gehört und es klang, als hättest du Schmerzen." Der Löwe sah sie nachdenklich an. „Also bist du hier, um mir zu helfen?", fragte er skeptisch und zog eine Augenbraue in die Höhe. Seine Stimme war nun freundlicher, aber er schien nicht ganz überzeugt. Lenja überlegte. „Ja", sagte sie dann fest und blickte ihm in die Augen. Der Löwe war sehr verwundert. Die meisten Tiere hatten Angst vor ihm und trauten sich nicht einmal in seine Nähe. Dass dieses kleine Mädchen ihm helfen wollte, überraschte ihn sehr.

„Dann bist du wirklich mutiger als du aussiehst!" Der Löwe nickte anerkennend und zeigte auf eine Stelle neben sich. „Setz dich zu mir, wir werden sehen, ob du mir wirklich helfen kannst." Zögernd kam Lenja wieder näher und setzte sich schließlich neben den riesigen Löwen.

„Was tut ein Kind wie du hier so ganz alleine im Dschungel?", fragte er das Mädchen nachdenklich und stupste sie mit seiner Schnauze vorsichtig an. „Dazu noch barfuß und im Nachthemd", fügte er verwundert hinzu.

„Ehrlich gesagt weiß ich das auch nicht so genau", antwortete Lenja und zuckte mit den Schultern. „Als ich aufgewacht bin, war ich plötzlich hier." Sie war erstaunt, wie leicht es war, sich mit einem Löwen zu unterhalten. „Jetzt bin ich auf der Suche nach einem Weg aus diesem wilden Dschungel", erklärte sie.

Das riesige Tier lauschte ihren Worten mit großen Augen. „Das ist ja eine merkwürdige Geschichte", antwortete es schließlich.

„Und was machst du hier?", fragte Lenja nun. „In der Schule habe ich gelernt, dass Löwen in der Savanne leben", fügte sie verwirrt hinzu und sah den Löwen fragend an.

Dieser sah finster drein, dann begann er zu erzählen: „Da hast du recht. Ich bin auch nicht freiwillig hier. Als ich es mir gerade in meiner geliebten Savanne zu einem Mittagsschläfchen bequem gemacht hatte, hörte ich plötzlich einen lauten Gewehrschuss. Natürlich bin ich sofort aufgesprungen. Jeder weiß ja, wie gefährlich ihr Menschen werden könnt, wenn ihr ein Gewehr dabei habt. Ich rannte los, und das war auch gut so. Schnell erkannte ich, dass eine ganze Gruppe von Menschen hinter mir her war. Sie schossen auf mich und obwohl ich wirklich rannte so schnell ich konnte, streifte mich eine ihrer Kugeln an der Seite. Ich hatte keine Zeit anzuhalten und meine Verletzung zu begutachten, sondern rannte einfach weiter, bis ich diesen Dschungel erreichte. Aus Angst, die Menschen könnten mir gefolgt sein, schleppte ich mich noch so weit ich konnte. Nun liege ich hier, mitten in dieser fremden Wildnis und komme nicht mehr richtig vom Fleck." Er sah sie kläglich an und fuhr dann fort: „Ich habe versucht, die Tiere dieses Dschungels anzusprechen und sie um Hilfe gebeten, aber leider haben alle viel zu große Angst vor mir", trübsinnig blickte er zu Boden.

Erschrocken hatte Lenja seiner Geschichte gelauscht. „Das ist ja schrecklich!", stieß sie hervor und legte dem Löwen vorsichtig eine Hand auf die riesige Pranke. „Was kann ich tun, um dir zu helfen?", fragte sie mitfühlend und blickte zu ihm auf.

„Ich freue mich wirklich, dass du mir helfen willst, kleines Mädchen", begann der Löwe. „Aber es gibt nur ein Mittel, um meine Verletzung zu heilen. Weit oben in einer Felswand befindet sich eine dunkle Höhle. Am Ende dieser Höhle wächst eine Moosart, die sich Drachenmoos nennt. Bring mir einfach ein wenig davon mit, dann geht es mir sicher bald wieder besser."

Lenja hörte aufmerksam zu und versuchte sich genau einzuprägen, was der Löwe ihr beschrieb. „Drachenmoos", murmelte sie und schauderte ein bisschen. Das klang ja abenteuerlich.

„Kleines Mädchen", setzte der Löwe erneut an. „Wenn du es tatsächlich schaffst, mir das Drachenmoos zu besorgen, dann bin ich dir wirklich sehr dankbar. Dann werde ich gern dein Begleiter sein und dich beschützen, wo ich nur kann. Wenn du möchtest, können wir dann zusammen einen Ausweg aus diesem riesigen Dschungel suchen." Das Mädchen horchte auf. Die Aussicht, nicht mehr alleine durch diese fremde Wildnis streifen zu müssen, um einen Weg herauszufinden, klang sehr verlockend. Und einen besseren Begleiter als einen riesigen Löwen hätte sie sich nun wirklich nicht wünschen können.

„Das wäre toll!", antwortet sie und versprach ihm, dass sie sich sofort auf den Weg machen würde.

Ein bisschen mulmig war Lenja zwar schon zumute, als sie beschloss, das Drachenmoos suchen zu gehen, aber sie wusste, dass der Löwe sich auf sie verließ und darum wollte sie versuchen, ihr Bestes zu geben.

KAPITEL 2

Vertrauen

So stapfte Lenja mutig los und malte sich aus, wie schön es wäre, einen Freund in dieser fremden Umgebung zu haben. Sie könnten sich gegenseitig Geschichten erzählen und dabei helfen, einen Schlafplatz zu finden. Bestimmt hatte der Löwe schon viel erlebt und Lenja hoffte darauf, ein wenig Unterhaltung auf ihrem Weg durch den Dschungel zu haben. „Gemeinsam macht doch alles gleich viel mehr Spaß", dachte sie und beschleunigte ihre Schritte.

Der Löwe hatte ihr den Weg zur Felswand ganz genau erklärt und sie achtete penibel darauf, sich an seine Wegbeschreibung zu halten. Lenja wollte das Drachenmoos für seine Wunde besorgen so schnell sie konnte, da sie bemerkte hatte, dass der Löwe nicht mehr allzu viel Kraft zu haben schien. Als sie aufgebrochen war, hatte er seinen großen Kopf müde auf seine Pranken gelegt und die Augen geschlossen. Das Gespräch hatte ihn sehr angestrengt und sie hoffte, dass sie das Moos noch rechtzeitig fand.

Als sie sich eine Weile durch das dichte Blattwerk gekämpft hatte, stand sie schließlich vor einer steinigen Felswand, die steil vor ihr aufragte. Entmutigt starrte Lenja nach oben, und versuchte eine Art Eingang zu einer Höhle auszumachen. Doch die Felswand war über und über mit Schlingpflanzen und Efeu bewachsen, sodass sie weder eine Öffnung noch sonst irgendeinen Hinweis auf eine Höhle entdecken konnte. „Ich werde wohl einfach mein Glück versuchen müssen", beschloss Lenja und sah sich nach einer Möglichkeit um, die Felswand zu erklimmen. Da nahm sie plötzlich eine Bewegung aus den Augenwinkeln wahr. Ein kleiner Affe kletterte behände den Berghang hinauf. Er hangelte sich von Schlingpflanze zu Schlingpflanze und hielt sich dabei mit seinen kleinen Händen und Füßen fest. Auch seinen Schwanz nahm er zu Hilfe, um sich an der bewachsenen Wand hinauf zu ziehen.

Zwar hatte Lenja keinen Affenschwanz, aber mit ihren nackten Füßen und ihren bloßen Händen konnte auch sie sich an den Schlingpflanzen festklammern. Und so tat sie es dem flinken Äffchen nach und kämpfte sich Stück für Stück an der steilen Felswand empor. Es kam ihr vor, als wäre sie schon eine Ewigkeit geklettert, als sie einen kleinen Vorsprung in der Felswand erreichte. Hier konnte sie sich endlich niederlassen und ihre Arme und Beine ausruhen. Ihre Hände und Füße schmerzten und ihre Knie und Ellenbogen waren aufgeschürft und voller Kratzer.

Erschöpft blickte sie auf und sah erleichtert, dass die dunkle Höhlenöffnung, nach der sie gesucht hatte, direkt vor ihr lag.

Als sie nach einer kurzen Atempause näher an den Eingang zur Höhle heranging, umwehte sie ein kalter Wind und ein leichter Geruch nach Verbranntem stieg ihr in die Nase. Außerdem hörte sie etwas. Hier oben waren die Laute des Dschungels nur noch gedämpft zu vernehmen und Lenja spitze die Ohren und horchte auf die Geräusche, die aus der Höhle kamen. Da war es wieder, sie hörte es jetzt ganz genau. Es klang wie das Schlagen von ledernen Flügeln.

„Drachen!", fuhr es Lenja durch den Kopf und vor Schreck verlor sie fast das Gleichgewicht. Gerade noch rechtzeitig konnte sie sich an einer hölzernen Wurzel festklammern. Natürlich, der Löwe hatte von Drachenmoos gesprochen, also war dies vielleicht eine Drachenhöhle? „Auf was habe ich mich da nur eingelassen", dachte Lenja und erschauderte. Gab es in diesem Dschungel wirklich Drachen? Aber hätte der Löwe sie nicht gewarnt, bevor er sie in eine Höhle voller gefährlicher Feuer spuckender Kreaturen schickte? Doch es half alles nichts, nun war sie schon so weit gekommen. Umzukehren war für Lenja keine Lösung und so zwang sie sich an den armen Löwen zu denken, dem niemand helfen wollte. Sie musste all ihren Mut zusammen nehmen und schließlich wagte sie sich tapfer in die Finsternis hinein.

Lenja konnte kaum etwas erkennen und das Licht, das aus dem Eingang in die Höhle fiel, wurde mit jedem Schritt weniger. Bald konnte Lenja nicht mehr ihre Hand vor Augen sehen und schließlich musste sie sich an der Wand entlang tasten. „Wie soll ich denn bei dieser Dunkelheit das Drachenmoos erkennen?", fragte Lenja sich besorgt, tastete sich jedoch unaufhörlich weiter.

Da vernahm sie wieder das Geräusch lederner Schwingen, diesmal ganz nah an ihrem linken Ohr. Ruckartig blieb sie stehen und zog den Kopf ein.

„Wer bist du und was willst du hier?", erklang plötzlich eine feine Stimme aus der Finsternis. Lenja erstarrte, sie riss die Augen weit auf, konnte aber niemanden in der Dunkelheit erspähen.

„Mein Name ist Lenja", brachte sie schließlich unsicher hervor und drehte den Kopf zu allen Seiten. „Ich wollte dich nicht stören. Bitte friss mich nicht!", rief sie ängstlich.

Nun vernahm Lenja ein leichtes Lachen und das Schlagen der Schwingen erklang wieder.

Die zarte Stimme kam jetzt von ihrer rechten Seite. „Wie soll ich dich denn fressen?" Das Wesen gluckste nun belustigt. „Ich bin gerade mal so groß wie deine kleine Stupsnase, Mädchen!"

Lenja war überrascht. „Bist du ein Zwergdrache?", fragte sie nun neugierig und starrte nun noch begieriger in die Dunkelheit. Zu gerne würde sie sehen, wie das Wesen aussah!

„Ein Zwergdrache? Wo gibts denn so was?", fragte die Stimme amüsiert. „Nein Lenja, ich bin eine kleine Fledermaus! Vor mir brauchst du nun wirklich keine Angst zu haben!"

Erleichtert atmete Lenja auf. Eine Fledermaus! So ein Glück!

„Was suchst du denn hier in unserer Höhle?", fragte die Fledermaus neugierig. „Normalerweise verirren sich kleine

Mädchen nicht hierher. Noch dazu im Nachthemd und ohne Schuhe!", fügte sie hinzu.

„Ich bin auf der Suche nach Drachenmoos, um einem Freund zu helfen", erklärte Lenja ihr Vorhaben. „Er ist schwer verletzt und seine Wunde muss dringend versorgt werden."

„Da hast du aber Glück, dass du auf mich getroffen bist!", rief die kleine Fledermaus aufgeregt. „In dieser Höhle gibt es tiefe Schluchten, in die du leicht hinein fallen kannst. Wenn du mir vertraust, dann kann ich dich um die Löcher herumführen und bis zum Drachenmoos bringen. Alleine wirst du das kaum schaffen!", erklärte sie dem Mädchen ernst. „Wir Fledermäuse können uns zum Glück sehr gut in dieser Finsternis zurechtfinden. Wir sehen sozusagen mit unseren Ohren! Das Ganze nennt sich Echoortung und daher kann ich dich gerne um die Schluchten herumführen", fügte sie noch hinzu.

Lenja erschrak. Tiefe Schluchten, in die sie hinein stürzen konnte! Das Ganze wurde ja immer gefährlicher! „Kann ich dir wirklich vertrauen?", fragte Lenja nun wieder ängstlicher, denn ihr wurde klar, dass ihr Leben dann von der winzigen Fledermaus abhing. „Ich will wirklich nicht in einem Loch in dieser Höhle enden. Versprichst du mir, dass du gut auf mich acht gibst und mir ganz genau beschreibst, wohin ich treten soll?", hakte das Mädchen nach.

„Fledermaus-Ehrenwort!", versprach die kleine Fledermaus mit feierlicher Stimme.

„Na gut, ich vertraue dir! Vielen Dank, dass du mir hilfst!",
entgegnete Lenja und die kleine Fledermaus ließ sich vorsichtig
auf Lenjas Schulter nieder. Sie war so leicht, dass Lenja ihr
Gewicht kaum spürte. Zusammen kamen sie schneller voran und
die Fledermaus navigierte Lenja mit ruhiger Stimme und viel
Geduld um jedes Loch und jeden Stolperstein herum.

„Ich kann das Drachenmoos schon riechen", meinte die
Fledermaus schließlich und schnupperte mit ihrem Näschen
in der Luft. Lenja tat es ihr nach, konnte aber wieder nur den
Geruch nach Feuer und Verbranntem wahrnehmen. „Ich nicht",
meinte sie. „Es riecht für mich nur als hätte hier jemand etwas
anbrennen lassen", fügte sie hinzu und rümpfte die Nase. Die
Fledermaus lachte leise. „Das ist das Moos! Es riecht verbrannt,
darum wird es auch Drachenmoos genannt."

Nun ging Lenja ein Licht auf. „Also gibt es hier gar keine
Drachen?", fragte sie erleichtert und ein Stein fiel ihr vom Herzen.
Den ganzen Weg durch die Höhle hatte sie befürchtet, doch noch
einem grausigen Drachen über den Weg zu laufen. „Nein, einen
Drachen habe ich hier noch nie gesehen", gab die Fledermaus
belustigt zurück und erklärte Lenja dann genau, wo sie das Moos
aufsammeln sollte.

Als sie genug Drachenmoos in die Taschen ihres
Nachthemdes gestopft hatte, traten die beiden den Rückweg an.
Zwar musste Lenja immer noch sehr genau aufpassen, wo sie
hintrat, jedoch war ihr nun sehr viel leichter ums Herz. Sie hatte
das Drachenmoos gefunden und würde dem Löwen nun sicher
helfen können. Es hatte sich gelohnt, dass sie sich tapfer in die
unbekannte Dunkelheit getraut hatte und es war gut gewesen,
der kleinen Fledermaus ihr Vertrauen zu schenken. Als es langsam

wieder heller wurde und die beiden die Öffnung der Höhle fast erreicht hatten, atmete Lenja erleichtert auf.

„Vielen Dank, kleine Fledermaus, dass du dein Ehrenwort gehalten hast und so gut auf mich achtgegeben hast!", bedankte sich Lenja bei ihrem Gefährten.

„Aber gerne doch, Lenja", antwortete die Fledermaus und erhob sich von Lenjas Schulter. „Vielleicht sehen wir uns ja mal wieder! Bis dahin wünsche ich dir viel Glück! Mach es gut!", rief sie noch und rauschte wieder in die Dunkelheit der Höhle zurück.

KAPITEL 3

Fleiß

Als Lenja wieder auf der kleinen Plattform stand und hinunter zum Waldboden sah, wurde ihr ein wenig mulmig zumute. Von hier oben sah die Felswand wirklich steil aus. Zudem war sie sehr müde und hätte eine Pause gut gebrauchen können, doch sie wusste, dass ihr Freund schnell Hilfe benötigte und so begann sie den beschwerlichen Abstieg.

Sie hangelte sich behutsam von einer Pflanze zur anderen und achtete sorgfältig darauf, nicht den Halt zu verlieren. Beim Hinaufklettern war es ihr nicht so weit vorgekommen, nun aber sah sie, wie hoch sie tatsächlich geklettert war. Während sie hinab stieg, zog sich der Himmel langsam zu und es wurde immer kälter. Bisher war es im Dschungel angenehm warm gewesen, eher heiß sogar, doch langsam begann Lenja zu frieren. Je kälter ihre Hände wurden, desto schwieriger war es für sie, sich richtig festzuhalten und ein paar Mal wäre sie fast abgerutscht. Nun bemerkte sie besorgt, dass es auch noch langsam anfing zu nieseln.

„Oh nein, der Regen wird es sicher noch schwieriger machen hier halt zu finden", dachte Lenja sich bang und spähte in Richtung des Himmels. Sie beeilte sich, den Waldboden zu erreichen, bevor sie komplett durchnässt war und war erleichtert, als sie endlich wieder festen Boden unter ihren Füßen spürte. „Geschafft!", stöhnte Lenja und freute sich, den Abstieg heil hinter sich gebracht zu haben.

Doch auch nun wollte sie keine Pause einlegen. „Besser ich beeile mich", sagte sie zu sich selbst und machte sich sogleich auf den Weg zurück zu ihrem verletzten Freund.

Als sie eilig durch den dichten Dschungel stapfte, bemerkte sie verwundert, dass die Tiere in Aufruhr waren. Ganze Schwärme von exotischen Vögeln zogen an ihr vorbei und zwitscherten aufgeregt durcheinander. Mehrere leuchtend bunte Frösche hüpften nervös durch das Unterholz und quakten dabei unaufhörlich.

Fast wäre Lenja von einer Herde Flusspferde überrannt worden, die es sehr eilig zu haben schien. Zum Glück ließ sie das laute Getrampel der schweren Flusspferdfüße aufhorchen, sodass sie sich gerade noch rechtzeitig in die Büsche schlagen konnte. Als die Herde wieder verschwunden war, kratzte Lenja sich nachdenklich am Kopf.

„Was ist denn mit den Tieren los?", fragte sie sich laut, während der Himmel immer dunkler wurde und der Regen immer heftiger fiel. Mittlerweile war sie durchnässt und fror. „Ein Sturm zieht auf, ein Sturm zieht auf!", sirrte ein Schwarm Libellen, der in diesem Moment aufgeregt an ihr vorbei flog.

„Ein Sturm?", fragte Lenja und drehte sich verwirrt nach den schillernden Insekten um, doch die Libellen waren schon im Grün des Dschungels verschwunden.

„Vielleicht sollte ich besser noch einen Zahn zulegen", überlegte Lenja besorgt und beschleunigte ihre Schritte. Sie dachte an den Löwen, der schon vor ihrem Aufbruch geschwächt gewesen war. Sie wollte schnell zu ihm, um gemeinsam ein trockenes Plätzchen zu suchen, an dem die beiden sich ausruhen konnten. Bald erkannte sie erleichtert, dass es nur noch ein paar Meter bis zu ihrem Freund waren.

Als sie dann endlich den Platz erreichte, an dem sie ihren Löwen zurückgelassen hatte, konnte sie ihn zunächst nicht entdecken. Mit Schrecken dachte sie, er habe sich davon gemacht und sie alleine im Dschungel zurückgelassen, doch da erkannte sie, dass er sich tief ins Unterholz zurück gezogen hatte. Nur seine struppige nasse Mähne schaute noch aus dem Dickicht heraus.

„Löwe?", fragte Lenja und setzte sich behutsam neben ihn. Sie erschrak, als sie sah, wie geschwächt er inzwischen war. Er konnte kaum noch die Augen offen halten und Lenja begann sich ernsthaft Sorgen um ihren Freund zu machen. Er war klatschnass, da es inzwischen stark regnete und sie überlegte verzweifelt wie sie ihn ins Trockene bringen könnte. In der Ferne hörte Lenja Donner grollen und gezackte Blitze erhellten den inzwischen fast dunklen Himmel.

„Was mache ich nur? Was mache ich nur?", überlegte Lenja fieberhaft. Da fiel ihr das Drachenmoos wieder ein, für das sie ihre beschwerliche Reise in die Fledermaushöhle unternommen hatte. Schnell griff Lenja in die Taschen ihres Nachthemdes und holte das heilende Moos hervor. Da der Löwe nicht mehr ansprechbar schien, entschied sie sich kurzerhand, das Drachenmoos einfach vorsichtig auf seine Verletzung zu legen und es mithilfe von Gräsern so festzubinden, dass es nicht herunterfiel. „Gleich geht es dir wieder besser", flüsterte Lenja leise und hoffte innig, dass das der Wahrheit entsprach.

Da es immer noch stark regnete und inzwischen ein eisiger Wind wehte, beschloss Lenja den Löwen in einen Unterschlupf zu bringen. Er durfte auf keinen Fall weiter hier im Regen liegen bleiben, sonst würde er sicher nicht gesund werden. Und auch sie sehnte sich nach einem trockenen Plätzchen, an dem sie sich endlich ausruhen könnte. Mit aller Kraft versuchte sie ihren tierischen Begleiter zum Aufstehen zu bewegen. Sie legte sich seine schwere Pranke um die Schulter, zerrte an seinen Beinen und flehte ihn an sich zu bewegen, aber ihr Löwe war zu geschwächt, um sich zu rühren.

„In diesem Zustand wirst du deinen großen Freund keinen Meter weit bringen", erklang plötzlich ein zartes Stimmchen vom schlammigen Waldboden. Erschrocken blickte Lenja sich um und war erleichtert, als sie sah, dass die Stimme von einer kleinen

Ameise stammte, die zu ihren Füßen krabbelte. „Aber was soll ich denn sonst tun?", fragte Lenja verzweifelt und kämpfte mit den Tränen. Sie war erschöpft und wähnte sich langsam am Ende ihrer Kräfte. „Ich kann ihn nicht in diesem Unwetter zurücklassen. Er muss dringend ins Trockene, damit er wieder gesund werden kann."

Die kleine Ameise nickte ernst. „Wenn du ihn nicht zu einem Unterschlupf bringen kannst", schlug sie vor, „dann musst du eben einen Unterschlupf zu ihm bringen. Du hast doch Hände wie ein Äffchen, wie wäre es, wenn du ein Dach aus Zweigen und Blättern über seinem Kopf baust?"

Lenja überlegte. Das war keine so schlechte Idee und wenn sie so darüber nachdachte, wahrscheinlich die einzige Option. Zwar war sie schrecklich müde und die Arme und Beine taten ihr nach wie vor vom Klettern weh, doch schon begann sie darüber zu grübeln, wie sie das anstellen könnte.

„Hast du irgendwelche Tipps, wie ich das am besten mache?", fragte sie das kleine Insekt hoffnungsvoll. Sofort begann die Ameise ihr Ratschläge zu geben, wie das Dach am besten zu bauen sei. „Da fragst du die Richtige", sagte sie stolz und erklärte ihr, dass Ameisen wahre Baumeister waren und riesige Ameisenhügel für ihr Volk errichteten. Also begann Lenja unter Anleitung des hilfsbereiten Insektes große Blätter von einem nahestehenden Baum abzureißen. Aus den Blättern band sie mithilfe von Lianen und Gräsern eine Art Dach, welches sie zunächst über den schlafenden Löwen legte. So war er schon ein wenig vor dem strömenden Regen geschützt. Dann suchte sie längere Äste und band sie zu einer Art Zelt zusammen. Darüber warf sie nun das Blätterdach.

Lenja war stolz, als sie unter das dichte Dach ihres Unterschlupfs kroch. Der Regen prasselte wild gegen die Blätter, doch diese hielten ihm stand. Auch die kleine Ameise war unter das Dach gekrochen und sah sie nun anerkennend an. „Das hast du gut gemacht!", lobte sie Lenja und nickte ihr wieder zu.

Lenja war selbst überrascht, wie viel sie in ihrem erschöpften Zustand noch zustande gebracht hatte und gratulierte sich zu ihrem Durchhaltevermögen. Dann kuschelte sie sich müde an das Fell ihres Löwen, der allmählich zu trocknen begann. Die ganze Nacht über wachte Lenja über ihren Freund, wechselte das Drachenmoos und sorgte dafür, dass der Wind ihrem Unterstand nichts anhaben konnte.

Als der Morgen schließlich dämmerte, verzog sich das Unwetter allmählich und die Sonne lugte verschlafen hinter den grünen Blättern hervor. Langsam öffnete der Löwe seine Augen und gähnte. Er sah sich um und bewunderte das Blätterdach, das Lenja im strömenden Regen gebaut hatte. „Danke", sagte er schließlich leise und fuhr fort: „Ich war mir nicht sicher, ob ich dich wieder sehen würde." Er blickte auf seine Verletzung, die mit Drachenmoos bedeckt war. „Du bist eine wahre Freundin!", sagte er anerkennend und stupste sie freundschaftlich an. Lenja lächelte und ließ sich gegen das weiche Fell ihres Löwen sinken. Erschöpft schloss sie die Augen und fiel in einen tiefen Schlaf.

KAPITEL 4

Freundschaft

Als Lenja erwachte, stand die Sonne schon hoch am Himmel. Das Fell des Löwen, an das sie sich gekuschelt hatte, war inzwischen angenehm warm und trocken und Lenja fühlte sich ausgeschlafen und erholt.

„Wie geht es dir?", fragte sie, reckte sich und schaute zu ihrem Freund auf. „Schon viel besser!", sagte der Löwe lächelnd. „Das Drachenmoos wirkt wirklich Wunder. Schau mal, wie gut die Wunde schon verheilt ist." Er schob das Drachenmoos behutsam von seiner Verletzung und Lenja war erstaunt zu sehen, dass der Löwe recht hatte. Seine Verletzung sah schon viel besser aus und auch der Löwe selbst schien wieder an Kraft gewonnen zu haben. Lenja freute sich, dass es ihrem Freund wieder besser ging. Auch ihr hatte der Schlaf gut getan, doch nun knurrte ihr Magen. „Da hat wohl jemand Hunger", bemerkte der Löwe und das Mädchen stimmte ihm zu. „Ja, inzwischen könnte ich wirklich mal etwas zu essen vertragen", erklärte sie und sah sich um.

Ihr tierischer Freund hatte das improvisierte Zelt etwas zur Seite geschoben, um besser in der Sonne trocknen zu können. „Wie wäre es, wenn ich mich auf die Suche nach etwas Essbarem mache, während du dich noch ein bisschen erholst?", schlug Lenja vor und stand auf. „Na gut", stimmte der Löwe etwas widerwillig zu. „Ein bisschen lasse ich mich noch von dir umsorgen, aber nach dem Frühstück will ich mich endlich auch mal ein wenig nützlich machen. Bestimmt bin ich dann wieder kräftig genug und wir können uns einen Weg aus diesem Dschungel suchen."

Also stapfte Lenja los, um ihre leeren Mägen zu füllen. Der Waldboden war vom schweren Unwetter der Nacht noch feucht und aufgewühlt, aber Lenja war guter Dinge. Als sie ein bisschen durch den Dschungel geschlendert war, bemerkte sie vor sich ein lustiges Tierchen. Beim Gehen wackelte es mit seinem Hinterteil und Lenja musste laut auflachen. Irritiert hielt das Tierchen an und sah sich zu ihr um.

„Was gibt es denn da zu lachen, kleines Mädchen?", wollte es wissen und stemmte die Ärmchen in die Seite. „Du hast wohl noch nie ein so hübsches Erdferkel wie mich gesehen, oder wie?", fragte es herausfordernd und wackelte mit seiner rüsselartigen Schnauze. Lenja musste sich sehr konzentrieren, um nicht wieder laut loszulachen. Dieses putzige Kerlchen sah einfach zu lustig aus. „Das habe ich tatsächlich noch nie", erklärte Lenja wahrheitsgetreu und bemühte sich um eine aufrichtige Miene. „Sag mal liebes Erdferkel", fragte sie dann und nutzte die Gelegenheit. „Kannst du mir vielleicht weiter helfen? Ich bin auf der Suche nach etwas zu essen. Hast du einen Tipp, wo ich womöglich etwas finden kann?"

Das Erdferkel schien hocherfreut und ließ seinen dicken Schwanz hin und her wackeln. „Aber klar doch!", rief es. „Ich bin ein Meister der Futtersuche und kenne diesen Dschungel wie meine Westentasche!" Es warf sich mächtig in die Brust und fuhr fort: „Geh einfach noch ein paar Meter weiter in diese Richtung, dann kommst du an einen Baum, der voller leckerer Früchte hängt. Aber jetzt musst du mich entschuldigen, ich hab nicht den ganzen Tag Zeit! Mach es gut!"

Das Erdferkel verneigte sich, sodass seine Schnauze beinahe den Boden berührte und eilte dann mit wackelndem Hinterteil durch das Dickicht davon.

Lenja grinste und folgte dem Rat des kleinen Erdferkels. Nach ein paar Minuten hatte sie den Baum gefunden, den das Tierchen ihr beschrieben hatte. Und wahrhaftig, die Äste des großen Baumes waren über und über mit reifen Mangos behangen. Flink pflückte Lenja eine Frucht nach der anderen und machte sich anschließend auf den Rückweg zum Löwen.

Als dieser die gelben Früchte in Lenjas Armen sah, verzog er zunächst das Gesicht. „Was soll das denn sein?", fragte er sie irritiert. „Das sind Mangos", erklärte Lenja und hielt ihm eine der Früchte unter die Nase. „Riech mal", sagte sie und der Löwe schnupperte gehorsam. „Riecht gar nicht mal so schlecht", antwortete der Löwe und biss in eine saftige Mango hinein. Nachdem er den süßen Saft der Frucht probiert hatte, war er hellauf begeistert.

Gemeinsam verspeisten sie die goldgelben Früchte, bis sie pappsatt waren. Der Löwe leckte sich die letzten klebrigen Reste von den Pranken. „Lecker!", schmatzte er und grinste Lenja fröhlich an. „So eine tolle Freundin wie dich hatte ich wirklich noch nie!" Lenja lächelte. Sie freute sich, dass es dem Löwen geschmeckt hatte und war voller Tatendrang. Gemeinsam mit dem Löwen würde sie gewiss einen Ausweg aus dem Dschungel finden.

Also machten sie sich auf den Weg durch die grüne Wildnis und erzählten sich dabei allerhand Geschichten. Der Löwe hatte tatsächlich schon viel erlebt und das Mädchen lauschte gespannt seinen Worten. Doch auch Lenja berichtete aus ihrem Leben und ihr großer Gefährte hörte interessiert zu. Sie erzählte von ihren Freunden, ihrer Familie und der Schule die sie besuchte. Von so etwas hatte der Löwe noch nie gehört und er löcherte sie mit Fragen. So verging die Zeit wie im Flug und schon bald war es Abend geworden. Die beiden suchten sich einen großen Baum, unter dem sie sich zusammen kuschelten. Lenja fühlte sich sicher und geborgen bei ihrem Freund und wusste, dass niemand ihr etwas anhaben konnte, so lange sie unter dem Schutz des riesigen Löwen stand.

Am nächsten Morgen standen sie auf und setzten ihren Weg fort. Zunächst war Lenja noch guter Dinge, aber nach mehreren Stunden Laufen taten ihr die Füße so langsam wirklich weh. Die Anstrengungen der letzten Tage machten sich bemerkbar und bald schon konnte Lenja nur noch mühsam mit dem Löwen Schritt halten.

„Was ist los?", fragte dieser und drehte sich zu ihr um. „Ich kann nicht mehr", sagte Lenja kleinlaut und zeigte auf ihre bloßen Füße. „Ich habe Blasen an den Füßen vom vielen Laufen und meine Beine tun mir weh. Ich bin es nicht gewohnt, den ganzen Tag unterwegs zu sein." Der Löwe sah sie mitleidig an, dann sagte er: „Wenn es weiter nichts ist. Das Problem haben wir schnell gelöst. Komm steig auf meinen Rücken." „Geht es dir denn wirklich schon gut genug, dass du mich tragen kannst?", fragte Lenja skeptisch. Auf keinen Fall wollte sie dem Löwen zur Last fallen, der ja gerade erst wieder gesund geworden war. „Na klar, ich fühle mich schon wieder topfit und zwar dank deiner Fürsorge. Außerdem bin ich froh, wenn ich zur Abwechslung mal dir helfen kann. Dafür sind Freunde doch da!", meinte der Löwe gutmütig und ging in die Knie, damit Lenja auf seinen breiten Rücken steigen konnte.

Von da an kamen sie schneller voran. Der Löwe schien wirklich wieder ganz gesund zu sein und Lenja machte es großen Spaß, so durch den Dschungel zu reiten. So hatte sie Zeit, sich die wundersamen Blüten und fremdartigen Pflanzen genauer anzusehen, an denen sie vorbeikamen und konnte ihre bunte Farbenpracht ausführlich bestaunen. Doch sie bemerkte, dass die Tiere des Dschungels schnell davon flitzten, sobald sie den Löwen kommen sahen. Nach einer Weile hielt der Löwe an.

„Was ist?", fragte Lenja und stieg von seinem Rücken. „Bist du erschöpft? Bin ich dir doch zu schwer?" „Nein, keine Sorge", antwortete ihr Freund. „Aber ich würde gerne eines der Dschungeltiere um Rat fragen, wo wir Wasser finden können. Leider flitzen sie alle davon, sobald wir in ihre Nähe kommen", fügte er besorgt hinzu. Lenja dachte nach. Als sie dem lustigen Erdferkel begegnet war, hatte es ihr hocherfreut einen Tipp gegeben und auch die Fledermaus und die kleine Ameise waren gerne bereit gewesen, ihr zu helfen.

„Vermutlich haben die Tiere Angst vor dir", überlegte Lenja. „Weißt du, du kannst ziemlich gefährlich aussehen mit deinen scharfen Zähnen und deinen großen Pranken", erklärte sie. „Vielleicht ist es besser, wenn ich mich mal alleine bei den Tieren umhöre. Warte du am besten hier, ich bin gleich wieder da", schlug Lenja vor und setzte den Weg nun alleine fort.

Schon bald kam sie an zwei streitenden Käfern vorbei. Die beiden waren leuchtend grün und glitzerten wunderschön im hellen Sonnenlicht. „Ich bin stärker!" „Nein, ich bin stärker!", zeterten die beiden sirrenden Stimmchen. Lenja schaute interessiert zu und die beiden hielten inne, als sie das Mädchen bemerkten. „Hallo?", fragte der eine. „Was willst du?", fragte der andere. „Hallo liebe Käfer", begrüßte Lenja die beiden. „Ich bin auf der Suche nach Wasser. Könnt ihr mir vielleicht sagen, wo ich welches finden kann?", fragte sie und sah die kleinen Insekten hoffnungsvoll an.

„Na logo!", antwortete der erste Käfer. „Mir nach", rief der zweite und erhob sich sofort in die Lüfte. Lenja folgte den beiden und nach nur ein paar Minuten hörte sie das sanfte Plätschern eines Bachs. „Oh, vielen Dank, ihr Lieben!", rief Lenja erfreut und winkte den Insekten zu, die schon wieder kehrtgemacht hatten. „Ich bin schneller", rief der erste Käfer. „Nein ich bin schneller!", erwiderte der andere energisch und Lenja sah ihnen nach, wie sie davon flogen und im dichten Urwald verschwanden. Das Mädchen prägte sich den Weg zum Bach genau ein, bevor sie losging, um den Löwen zu holen.

Als sie schließlich zusammen am Bach saßen und genüsslich das kühle Wasser tranken, meinte der Löwe anerkennend zu Lenja: „Ich finde, wir sind ein echt gutes Team. Du hast mich gesund gepflegt und fragst die Tiere des Dschungels um Rat. Ich trage dich, wenn du erschöpft bist und beschütze dich vor den Gefahren dieses Urwaldes. Das ist wahre Freundschaft, wenn du mich fragst." Er sah sie freundlich an und Lenja nickte glücklich. „Das stimmt!", antwortete sie. Obwohl sie so weit weg war von ihrem Zuhause, fühlte sie sich doch sicher und geborgen. Sie war froh, so einen guten Freund an ihrer Seite zu haben.

KAPITEL 5

Selbstvertrauen

Das kleine Mädchen und ihr tierischer Freund verbrachten die Tage damit, durch den Dschungel zu streifen und einen Weg aus der Wildnis zu suchen. In den Nächten machten sie es sich gemeinsam gemütlich und ruhten sich aus. Tagsüber ritt Lenja meist auf dem Rücken des starken Löwen und die beiden plauderten miteinander, um sich die Zeit zu vertreiben. So kamen sie ganz gut voran und freundeten sich immer besser an. Lenja hatte ihren neuen Freund schon bald sehr lieb gewonnen und auch der Löwe wollte seine kleine Gefährtin nicht mehr missen.

Es war ein heißer Tag und das Mädchen saß gedankenversunken auf dem Rücken des Löwen, als dieser plötzlich abrupt innehielt. „Huch!", stieß er überrascht aus und machte schnell ein paar Schritte rückwärts. „Was ist los?", fragte Lenja besorgt und sah auf. Genau vor den Pranken ihres Freundes fiel eine tiefe, düstere

Schlucht steil ab. Lenja war erstaunt, solch einen gefährlichen Graben mitten im Dschungel vorzufinden. Der Löwe hatte gerade noch rechtzeitig anhalten können und nun standen sie ratlos am Rand des Abgrunds und starrten hinab. „Das war knapp", flüsterte das große Tier erschrocken.

Behutsam stieg Lenja vom Rücken ihres Gefährten herunter, krallte sich jedoch weiterhin fest in dessen Mähne. Vorsichtig beugte sie sich etwas nach vorne, um in die Tiefen des Abgrundes zu spähen. Ein Steinchen löste sich und fiel in die tiefe Schlucht und Lenja wurde ganz bang bei dem Gedanken, dass auch sie beide hätten herunterfallen können.

„Müssen wir auf die andere Seite?", fragte sie und sah den Löwen besorgt an. „Ich denke schon", entgegnete der Löwe. „Am besten, wir suchen nach einer Art Übergang. Bestimmt gibt es eine Möglichkeit, die Schlucht zu überqueren", fügte er hinzu und sah sie aufmunternd an.

Also setzten die beiden sich wieder in Bewegung. Lenja achtete sorgfältig darauf, nicht zu nah am Abgrund zu gehen. Zwar hatte sie eigentlich keine Angst vor großen Höhen, aber eine solch tiefe Schlucht hatte sie noch nie gesehen. Sie hoffte inständig, dass es einen Weg gab, der um den Abgrund herum führte.

Den ganzen restlichen Tag suchten die beiden nach einem Weg, um die Schlucht herum, doch vergeblich. Schließlich, gegen frühen Abend rief der Löwe seine Freundin zu sich. „Oh nein!", rief Lenja voller Entsetzen, als sie ihn erreicht hatte und sehen konnte, was er gefunden hatte.

Über den breiten Abgrund führte eine schmale, kleine Brücke, die von geflochtenen Seilen zusammen gehalten wurde. Auf Lenja machte sie einen sehr verschlissenen Eindruck. An manchen Stellen wies sie Löcher auf und an anderen schienen vereinzelte Seile bereits gerissen zu sein.

„Schau, ich habe einen Weg hinüber gefunden", sagte der Löwe fröhlich und schüttelte seine Mähne. „Das kann doch wohl nicht dein Ernst sein!", rief Lenja ungläubig und starrte ihn entsetzt an. „Ach komm, Lenja! Die Brücke hängt hier sicher schon ewig. Bestimmt hat sie schon unzählige Tiere und Menschen an ihr Ziel geführt", versicherte ihr der Löwe. Doch Lenja konnte er damit nicht überzeugen. „Genau! Sie ist wahrscheinlich uralt und fällt garantiert bald auseinander!", rief sie und schüttelte den Kopf. „Das traue ich mich einfach nicht", meinte sie betrübt und schlang sich schützend die Arme um den Körper.

An diesem Abend konnte der Löwe sie nicht mehr überzeugen, über die schmale Brücke zu gehen. Aber am nächsten Tag wollte er es weiter versuchen. Er hatte so ein Gefühl, dass sie ihren Weg nach Hause nur auf der anderen Seite der Schlucht würden finden können. Doch für heute gab er sich zufrieden und die beiden machten es sich in sicherer Entfernung des Abgrundes zur Nacht gemütlich. Lenja plagten schreckliche Albträume in dieser Nacht und mehr als einmal wachte sie mit dem Gefühl auf, in die Tiefe zu stürzen. Die Gedanken an die Überquerung der Brücke machten ihr wirklich zu schaffen.

Als das helle Sonnenlicht sie am nächsten Morgen weckte, fühlte Lenja sich weder erholt noch bereit für solch ein waghalsiges Abenteuer. Doch der Löwe war voller Tatendrang und ging schon gleich in Richtung der Brücke. Langsam stand Lenja auf und tapste ihm verschlafen hinterher.

Vorsichtig setzte der Löwe eine Pranke auf die schmale Brücke und begann sein Gewicht behutsam nach vorne zu verlagern. Die Brücke knarzte leise unter dem Gewicht der großen Tatze. Lenja hielt den Atem an. Dann setzte ihr riesiger Freund eine weitere Pranke auf die Brücke und begann sein Gewicht auf die Vorderbeine zu verlagern. Die alten Seile knarzten noch einmal, aber die Brücke schien das Gewicht des großen Tieres tragen zu können. Also versuchte der Löwe sein Glück und setzte auch seine Hinterbeine auf das Seilgeflecht. Kurz hielt er inne, dann grinste er Lenja zu und sagte überzeugt: „Siehst du, du brauchst keine Angst zu haben! Wenn die Brücke mein Gewicht aushält, dann brauchst du dir bei deinem Fliegengewicht gar keine Gedanken zu machen." Dann machte er ein paar vorsichtige Schritte. Je weiter er kam, desto selbstsicherer wurde er und als er in der Mitte der Brücke angelangt war, lief er schon ganz normal. Nach ein paar Minuten hatte er die tiefe Schlucht problemlos überquert und war sicher am anderen Ende der Brücke angelangt. Lenja atmete erleichtert auf.

„Jetzt bist du dran!", rief der Löwe über den Abgrund zu ihr hinüber.

Nun war Lenja also an der Reihe. „Los gehts!", dachte sie sich und trat zum Rand der tiefen Schlucht. Doch obwohl sie gesehen hatte, wie entspannt der schwere Löwe über die schmale Brücke stolziert war, konnte sie ihre Füße nicht dazu bringen, den ersten Schritt zu wagen. Der Löwe versuchte sie von der anderen Seite der Schlucht anzufeuern, aber seine Rufe drangen nur wie aus weiter Ferne zu ihr heran. „Komm schon Lenja", ermahnte sie sich selbst, aber ihre Beine zitterten so sehr, dass sie sie nicht unter Kontrolle bringen konnte. „Tief durchatmen!", erklang die Stimme ihres Freundes nun etwas lauter zu ihr heran. „Ein Schritt nach dem anderen", versuchte er sie zu ermutigen. „Ich weiß, dass du das kannst. Du musst nur an dich selbst glauben, Lenja. Das schaffst du!"

„Er hat recht", sprach sich das Mädchen Mut zu. Sie hatte gesehen, dass die Brücke ihr Gewicht würde halten können. Es gab keinen Grund, sie nicht zu überqueren. „Bisher habe ich noch alles gemeistert", sagte sie sich selbst und nahm all ihren Mut zusammen. Sie tat, was der Löwe ihr geraten hatte und atmete ein paar Mal tief durch. Ihre Atmung beruhigte sich langsam und Lenja gelang es, ihre zittrigen Knie wieder unter ihre Kontrolle zu bringen. „Das schaffe ich", sagte sie sich noch einmal und wagte den ersten Schritt auf die wackelige Seilkonstruktion. Mit den Händen klammerte sie sich an das Geflecht und langsam, Schritt für Schritt bewegte sie sich in Richtung ihres wartenden Freundes. „Super machst du das!", rief dieser anerkennend über den Abgrund hinüber. Zwar knarzte die Brücke hörbar bei jeder Bewegung, aber Lenja wurde mit jedem Schritt sicherer.

Als sie schließlich die andere Seite der Schlucht erreicht hatte, fiel sie ihrem Freund erleichtert in die Arme. Sie drehte sich um und lugte in den tiefen Abgrund. Lenja konnte es kaum glauben, dass sie es wirklich gewagt hatte. „Wow!", rief sie freudig und war sichtlich stolz auf sich. „Danke für deine Hilfe!", sie umarmte den Löwen noch einmal. Sie fühlte sich so gut wie schon seit langem nicht mehr und war stolz darauf, dass sie ihre Angst überwunden und an sich selbst geglaubt hatte.

KAPITEL 6

Toleranz

Und so setzten der Löwe und das Mädchen ihren Weg auf der anderen Seite des Abgrundes fort. Die Pflanzen auf dieser Seite der Schlucht standen näher beieinander und weniger Sonnenlicht konnte durch ihr dichtes Blattwerk bis zu den zwei Freunden fallen. Dadurch wirkte der Urwald düsterer und Lenja hielt sich etwas näher bei ihrem starken Begleiter. Steile Felsformationen ragten hier und dort durch das Dickicht hindurch und immer wieder mussten sie ihre Richtung ändern, weil der Weg durch große Gesteinsbrocken versperrt war.

Als es schließlich dunkel wurde, drängte Lenja den Löwen darauf, schnell ein sicheres Plätzchen zu finden, an dem sie sich ausruhen könnten. Nachdem sie ein bisschen gesucht hatten, fanden sie eine kleine Höhle und krochen hinein. Lenja brauchte an diesem Abend lange, bis sie schließlich einschlief und der Löwe schnarchte schon lange vor ihr vor sich hin. Mitten in der Nacht schreckte das Mädchen jedoch hoch. „Was war das?", flüsterte sie und rüttelte an der Schulter des schlafenden Löwen. Dieser murmelte nur verärgert, drehte sich um und schlief weiter. Da war das Geräusch wieder! Ein lang gezogenes Jaulen schrillte durch die Nacht. „Awoooooooooooo!", ertönte es und Lenja rüttelte noch fester an ihrem Freund. Als er immer noch nicht aufwachen wollte, wusste sie sich nicht mehr zu helfen und zog kurzerhand fest an seinem Ohr. Sofort sprang der Löwe wütend auf, brüllte ohrenbetäubend und fletschte seine Zähne. Lenja wich erschrocken zurück. „Ach, du bist es nur", sagte der Löwe dann erleichtert und sah sie fragend an.

„Warum ziehst du mich am Ohr, Mädchen? Da bin ich ganz empfindlich", erklärte er ihr, sah aber schon wieder viel netter aus.

„Tut mir leid", sagte Lenja kleinlaut und kam wieder näher. „Ich wollte dir wirklich nicht wehtun, aber anders warst du einfach nicht wach zu bekommen. Ich habe ein echt unheimliches Geräusch gehört und habe Angst", erklärte sie ihm. In diesem Augenblick hallte das schauerliche Geheul abermals durch die Nacht. Der Löwe nickte und meinte dann: „Das kann ich verstehen, das hört sich wirklich etwas unheimlich an. Aber das ist nur ein Wolf. Wahrscheinlich befindet sich hier in der Nähe ein ganzes Rudel. Lass uns weiterschlafen, die werden uns nichts tun." Er legte sich wieder auf den harten Höhlenboden und schloss die Augen. „Ein Wolfsrudel?", rief Lenja alarmiert.

Der Löwe öffnete ein Auge und schloss es dann wieder. „Die machen nichts", sagte er dann beruhigend. „Zumindest nicht uns", fuhr er grinsend fort und rutschte ein bisschen hin und her, um eine bequemere Schlafposition zu finden. Lenja war noch nicht überzeugt. „Wölfe haben also Angst vor Löwen?", hakte sie nach, um ganz sicher zu gehen.

„Sie sind zumindest schlau genug, um sich nicht mit ihnen anzulegen", versicherte er und fügte hinzu: „Komm leg dich zu mir. Dir wird nichts passieren."

Immer noch aufgewühlt, aber nun etwas beruhigter, kuschelte sie sich an ihren starken Freund. Sie war wirklich froh, in dieser Dunkelheit nicht alleine zu sein.

Als der nächste Morgen anbrach, war Lenja erleichtert, die Nacht unbeschadet überstanden zu haben. „So", sagte der Löwe, nachdem er sich kräftig gereckt und gestreckt hatte. „Heute werden wir sicher in die Nähe des Wolfsrudels kommen. Wegen der steilen Felsen gibt es hier nicht viele Wege, die man gehen kann. Versuche einfach ruhig zu bleiben, wenn du einen Wolf siehst. Solange du in meiner Nähe bist, wird dir nichts passieren", versicherte der Löwe dem kleinen Mädchen. Lenja nickte und achtete an diesem Tag penibel darauf, sich nicht zu weit von ihrem Freund zu entfernen. Gegen Mittag machten die beiden Rast auf einem kleinen Hügel, von dem aus man auf eine Lichtung hinab blicken konnte. Bisher waren sie keinem Wolf begegnet und das grausige Heulen war auch kein weiteres Mal ertönt. Lenja hatte sich inzwischen ein wenig entspannt und der Löwe schlummerte zufrieden und ließ sich die warme Sonne auf den Bauch scheinen. Da nahm Lenja aus den Augenwinkeln eine Bewegung auf der Lichtung wahr. Als sie den Kopf drehte, sah sie, wie mehrere

Wölfe auf die Lichtung gelaufen kamen, um sich dort in der Sonne niederzulassen. Sie erstarrte, doch dann erinnerte sie sich daran, was der Löwe gesagt hatte. Sie sollte ruhig bleiben. Die Wölfe würden ihr nichts tun. Also atmete sie einmal tief ein und aus und versuchte, sich zu beruhigen. Dann begann sie die Wölfe zu beobachten. Sie konnte einen Anführer ausmachen und ein paar andere Wölfe sowie fünf wuschelige Wolfswelpen. Die Kleinen tapsten durch die Gegend und jagten die bunten Schmetterlinge, die auf der Lichtung umherschwirrten. Es war eigentlich eine friedliche Szene, doch der Anführer schien unzufrieden mit etwas zu sein. Lenja spitzte die Ohren, um seine Worte verstehen zu können.

„Er kann nicht mehr bei uns bleiben", bellte er und sah dabei eine der Wölfinnen finster an. Die angesprochene Wölfin stand sofort auf und sah ihm fest in die Augen. „Das kann nicht dein Ernst sein!", entgegnete sie wütend und funkelte ihn an. „Er ist noch so klein, alleine wird er hier im Dschungel nicht überleben! Er braucht seine Mutter und seine Geschwister", rief sie aufgebracht. „Du weißt so gut wie ich, dass er uns die Beute verscheucht", mahnte der große Wolf jetzt und fuhr fort: „Sei doch vernünftig!"

Tränen stiegen in die Augen der Wölfin. Lenja wusste nicht, von wem die beiden Tiere sprachen, aber die Wölfin tat ihr leid.

Nun ging der Anführer auf die spielenden Jungtiere zu und Lenja sah, dass einer der Welpen ein durch und durch weißes Fell hatte. Es glänzte wunderschön im Sonnenlicht und das Mädchen staunte. So ein strahlendes weiß hatte sie noch nie bei einem Tier gesehen. Der große Wolf baute sich geradewegs vor dem besonderen Jungtier auf. Der Kleine schien verängstigt und wollte zu seiner Mutter laufen, doch der Anführer versperrte ihm den Weg. Mit grimmigem Blick verkündete er: „Du kannst nicht mehr Teil unseres Rudels sein, Kleiner. Du verscheuchst uns die ganze Beute. Jedes Tier sieht dich von Weitem und rennt davon. Wenn du nicht jagen kannst, kannst du kein Teil von uns sein." Erschrocken sah der kleine Wolf zu dem Anführer auf. „Aber, aber …", stotterte er, doch da hatte der große Wolf schon wieder zu sprechen begonnen. „Los gehts! Wir ziehen weiter", rief er seinem Rudel zu. „Und du bleibst hier. Tut mir leid Kleiner, aber mir liegt das Wohl des Rudels am Herzen. Viel Glück!", sprach er zu dem weißen Jungtier und das Wolfsrudel begann sich in Bewegung zu setzen. Nur die Mutter des Kleinen blieb stehen und sah traurig zu ihm herüber. „Komm schon!", rief der Anführer, doch sie wollte sich nicht rühren.

Ohne nachzudenken stand Lenja auf und lief eilig den kleinen Hügel hinunter. Sie wollte dem armen Welpen helfen und dem großen Wolf mal erklären, dass man sich so nicht verhielt, nur weil jemand anders war. Vor lauter Ärger über die Verhaltensweise des großen Wolfes hatte sie glatt ihre eigene Furcht vergessen. Doch als sie dann schließlich inmitten des Wolfsrudels stand und diese sie erstaunt anstarrten, bekam sie es doch mit der Angst zu tun. Sie riss sich zusammen und trat vor den Anführer.

„So geht das nicht!", sagte sie mit klarer, lauter Stimme. „Du kannst einen hilflosen Welpen nicht einfach alleine im Dschungel sitzen lassen. Wenn man eine wirkliche Gemeinschaft ist, dann findet man einen Weg. Jemanden auszuschließen ist keine Lösung", erklärte sie und straffte die Schultern.

„Und wer bist du, dass du denkst, du kannst für uns Regeln aufstellen?", fragte der große Wolf, ließ das Mädchen jedoch nicht zu Wort kommen. „Der Welpe verjagt unsere Beute. Er muss gehen, sonst verhungern wir irgendwann", setzte er nach und sah Lenja verärgert an. „Apropos Beute", sagte er dann und Lenja bemerkte, dass die Wölfe sie hungrig anstarrten. Das Rudel war merklich näher gekommen und zog den Kreis um sie immer enger. Sie wollte zurückweichen, doch auch hinter ihr hatten sich die Wölfe aufgestellt. Da bekam es Lenja wirklich mit der Angst zu tun. Doch plötzlich hörten sie ein ohrenbetäubendes Brüllen. Die Wölfe schraken zusammen und zogen die Köpfe ein, doch Lenja war erleichtert. Der Löwe sprang vom Hügel hinab und mit zwei Sätzen war er im Kreis der Wölfe und baute sich schützend zwischen Anführer und Mädchen auf. Er riss sein Maul gefährlich auf und zeigte seine riesigen Zähne. Der große Wolf wich mit eingezogenem Schwanz zurück und auch die anderen Tiere seines Rudels taten es ihm gleich.

Lenja fiel dem Löwen in die Arme. „Was ist hier los?", fragte dieser sie angespannt. „Das Rudel wollte den kleinen weißen Welpen einfach alleine zurücklassen, nur weil er durch seine Farbe die Beute aufschreckt. Da musste ich etwas sagen!", erklärte Lenja und zeigte auf das Wolfsjunge, das sich inzwischen hinter den Beinen seiner Mutter versteckte.

Der Löwe dachte einen Augenblick nach. „Wie wäre es, wenn der Kleine die Beute mit Absicht aufschreckt, sodass sie genau in Richtung des Rudels rennt?", fragte er schließlich den Anführer. Dieser schaute erst nicht begeistert, dachte dann jedoch über den Vorschlag nach. „Das ist eine großartige Idee!", rief die Mutter des jungen Wolfes und stupste ihren Sohn mit der Schnauze an. „Meinst du, du kriegst das hin?", fragte sie ihn liebevoll. „Na klar!", rief dieser und nickte eifrig. Auch der Anführer zeigte sich schließlich einverstanden mit dieser Idee und erklärte sich bereit, den kleinen Wolf im Rudel zu behalten. Als das Mädchen und der Löwe sich schließlich vom Rudel verabschiedeten, ging Lenja noch einmal auf den Anführer zu. „In einer guten Gemeinschaft sollte jeder einen Platz haben, egal ob er nützlich ist oder nicht", erinnerte sie ihn noch einmal. „Manchmal lohnt es sich, ein wenig länger zu beratschlagen, bevor man jemanden schutzlos zurücklässt", fügte sie hinzu und ging mit dem Löwen ihrer Wege.

KAPITEL 7

Gerechtigkeit

„Mensch, Lenja", begann der Löwe, als sie außer Hörweite des Wolfsrudels waren. „Das war verdammt gefährlich und ich will nicht, dass du dich noch einmal so leichtsinnig verhältst!", sagte er mahnend und sah sie ernst an.

„Ich weiß, das war nicht klug. Tut mir wirklich leid", entschuldigte Lenja sich, fügte aber hinzu: „Ich bin trotzdem froh, dass wir dem kleinen Welpen helfen konnten. Danke für deine Unterstützung. Du bist wirklich ein guter Freund". Sie lächelte ihn an und schließlich grinste er zurück. „Das nächste Mal weckst du mich aber bitte gleich", fügte er noch hinzu und ging dann in die Knie, damit Lenja wieder aufsteigen konnte. Diese schwang sich routiniert auf seinen breiten Rücken und gut gelaunt setzten die beiden ihre Suche fort.

Sie waren noch nicht sehr weit gekommen, da hörten sie lautes Kreischen und Rufen in der Ferne. Der Löwe wollte es nicht weiter beachten, doch Lenja war neugierig und überredete ihn dazu, in Richtung des Lärms zu laufen. Also hielten sie auf die merkwürdigen Laute zu und je näher sie kamen, desto lauter wurde es. „Was ist das wohl?", überlegte Lenja und versuchte die Geräusche einzuordnen.

„Klingt für mich nach einer Horde streitender Affen", brummte der Löwe und lag damit goldrichtig. Als sie um die Ecke bogen, bot sich ihnen ein amüsantes Bild. Zwei wilde Affen jagten sich gegenseitig um eine Bananenstaude und schrien sich dabei an.

„Was ist denn mit denen los?", fragte Lenja verständnislos, aber belustigt. „Keine Ahnung", antwortete ihr großer Freund und fing an zu lachen. Er ließ sich auf dem sandigen Boden nieder und beobachtete das Spektakel interessiert. Die rasenden Affen hatten die Neuankömmlinge noch nicht bemerkt und fuhren fort mit ihrem seltsamen Benehmen. „Wir machen es auf meine Weise, hörst du!", rief der eine Affe und warf im Rennen mit einer Banane nach seinem Vordermann. „Nee, meine Idee ist viel besser!", schrie der zweite Affe zurück und warf ebenfalls mit einer Banane nach seinem Verfolger.

Nach ein paar Runden hatte der Löwe genug von dem Theater und räusperte sich geräuschvoll. Vor Schreck blieb der Größere der beiden Affen wie angewurzelt stehen. Mit Schwung lief sein Freund geradewegs in ihn hinein und zusammen purzelten die Tiere bis vor die Pranken des liegenden Löwen. Ängstlich lugten die beiden Affen zu ihm empor und sahen erstaunt, dass dieser aus vollem Halse lachte. Auch das Mädchen, welches neben dem großen Raubtier stand, kicherte vor sich hin.

„Was macht ihr denn da?", fragte Lenja die beiden verunsicherten Affen, als sie sich wieder beruhigt hatte und streckte eine Hand aus, um ihnen auf zu helfen. „Wir planen", sagte einer der beiden würdevoll und fuhr fort: „Wir planen, wie wir unsere Bananen einteilen wollen." Er erhob sich und klopfte sich den Staub aus dem Fell. „Ich bin ja der Meinung, dass wir sie alle auf einmal essen sollten", ergänzte er und schaute seinen Kameraden vorwurfsvoll an.

„So eine doofe Idee!", antwortete der kleinere Affe und stampfte mit dem Fuß auf. „Wir sollten sie besser irgendwo verstecken und dann nach und nach essen! Dann haben wir viel länger etwas davon", erklärte er überheblich.

„Was meinst du denn, kleines Mädchen? Du siehst doch klug aus. Wäre es nicht viel schlauer, die Bananen alle gleich zu essen?", wandte sich der erste Affe wieder an Lenja. „Dann müssen wir auch keine Angst haben, dass die anderen Affen unserer Familie sie finden und uns wegessen!", erklärte er eifrig und zog ungeduldig am Ärmel ihres Nachthemdes.

Lenja überlegte. „Na ja, der Baum ist voller Bananen. Wie viele Affen gehören denn zu eurer Familie?", fragte sie die beiden neugierig. „Eine ganze Menge! Lass mich mal nachdenken", begann der zweite Affe und kratzte sich am Kopf. „Da ist die Affenoma, der Affenopa, der Affenpapa und die Affenmama und unsere zwei kleinen Affengeschwister", rechnete er ihr vor. „Sechs Stück!", rief er dann stolz und hielt ihr seine Finger vor die Nase.

„Wäre es dann nicht viel netter, wenn ihr die Bananen pflückt und wir sie alle zusammen zu eurer Familie tragen? Bestimmt möchten die auch etwas essen", schlug Lenja vor und der Löwe stimmte ihr nickend zu. „Das ist eine gute Idee", sagte er.

Doch das sahen die Affengeschwister ganz anders. „Waaas?", riefen sie gleichzeitig und hüpften vor Empörung auf und ab. „Unsere leckeren Bananen teilen?", entrüsteten sie sich und sahen Lenja und den Löwen aufgebracht an.

„Die anderen bringen uns ja auch nie Futter", beschwerte sich der größere Affe und verschränkte die Arme. „Und warum nicht?", fragte der Löwe geduldig. „Unsere kleineren Geschwister können noch nicht alleine raus und unsere Affenmama passt immer auf sie auf. Sie hat keine Zeit, auf Futtersuche zu gehen", überlegte der eine Affe. „Und unser Affenpapa ist krank und kann deswegen nichts zu essen suchen", erklärte der andere nachdenklich. „Die Affengroßeltern suchen zwar immer nach Früchten, aber sie sehen nicht mehr so gut und finden daher kaum etwas", fuhr er fort.

Jetzt waren die Affen leise. Sie dachten ein bisschen über ihre eigenen Worte nach, dann meinte der eine beschämt: „Vielleicht hast du recht, Menschenmädchen. Es wäre wohl wirklich netter, wenn wir unsere Beute teilen." Auch der andere Affe nickte und meinte dann ernst: „Wenn ich so darüber nachdenke, muss ich sagen, dass die Familie uns doch schon oft geholfen hat. Weißt du noch ganz früher, als wir so klein waren? Da haben die Großeltern uns immer Futter mitgebracht. Und bevor er krank wurde, hat auch unser Vater stets für das Essen gesorgt. Vielleicht sind wir jetzt dran. Ich finde, von jetzt an sollten wir auf Futtersuche gehen und unsere Familie versorgen", beschloss er und sah seinen Bruder an. Dieser nickte ernst und sprang auf.

„Na los!", rief er voller Elan. „Worauf wartet ihr denn noch! Helft uns! Heute gibt es ein Bananenfestmahl!" Und schon waren die beiden Affen auf den hohen Baum geklettert und sammelten eine Banane nach der anderen ein. Sie warfen die gelben Früchte zu Lenja hinunter und diese bemühte sich, das Obst auf dem Rücken des Löwen zu stapeln. Gemeinsam trugen sie die riesige Ausbeute schließlich durch den Wald. Der Weg war nicht weit und als die Familie sie kommen sah, erschrak sie zunächst. Die Affenmutter nahm ihre Jungen auf den Arm und auch die anderen wollten vor dem großen Löwen fliehen, doch dann sahen sie die Affenbrüder, die lustig neben dem Raubtier her hüpften und hielten inne.

Die Familie freute sich riesig über die leckeren Bananen und noch größer war die Begeisterung, als die Brüder verkündeten, dass sie von nun an für das Futter sorgen wollten. Lenja und der Löwe wurden gebeten, zum Abendessen zu bleiben und nahmen die Einladung mit Vergnügen an. Es wurde ein wildes Fest gefeiert und die Affenoma holte ein paar Musikinstrumente hervor, auf denen die wildesten Rhythmen gespielt wurden. So tanzten die Tiere bis tief in die Nacht hinein und Lenja und der Löwe freuten sich sehr darüber, ein Teil dieses Festes sein zu dürfen. Die kleinsten Affenkinder krabbelten auf Lenja herum und spielten auf ihrem Rücken miteinander Fangen. Das Mädchen lachte und lachte und amüsierte sich prächtig. Auch der Löwe hatte seinen Spaß. Er saß gemeinsam mit dem Affenopa am Rande des wilden Geschehens und die beiden unterhielten sich angeregt. Erst spät in der Nacht brachen Lenja und ihr großer Freund auf, um sich einen eigenen Schlafplatz zu suchen. Noch lange konnten sie die Affenfamilie fröhlich feiern hören. „Die wissen, wie man sich vergnügt!", sagte der Löwe anerkennend und gähnte laut. Auch Lenja hatte es gut gefallen, doch nun war sie hundemüde.

Gemeinsam machten sie es sich unter einem kleinen Bäumchen gemütlich. Mit dem Bauch voller Bananen und dem Kopf voller fröhlicher Melodien schliefen die beiden schließlich entspannt ein.

KAPITEL 8

Hilfsbereitschaft

Als Lenja am nächsten Morgen aufwachte, war sie guter Dinge. Die aufregende Feier mit den lustigen Affen hatte ihr viel Spaß gemacht und sie war froh, dass sie der Affenfamilie hatten helfen können. Noch den ganzen Morgen summte sie die fröhlichen Melodien, die sie am Abend zuvor gehört hatte und lachte in sich hinein, als sie an die kleinen Äffchen dachte, die auf ihr herumgeturnt waren. Auch der Löwe war in Gedanken versunken und die zwei gingen schweigend, aber gut gelaunt ihrer Wege.

Sie waren nicht weit gekommen, da hielt der Löwe plötzlich an und spitzte die Ohren. Lenja, die heute ausnahmsweise mal nicht auf seinem Rücken saß, hielt ebenfalls inne und sah sich nach dem Grund für den Stopp um. Sie konnte nichts Auffälliges sehen oder hören, aber der Löwe murmelte leise: „Da weint jemand."

Lenja hielt den Atem an und lauschte nun noch angestrengter, aber mit dem guten Gehör des Löwen konnten ihre kleinen Menschenohren nicht mithalten. Das große Tier ging mit gespitzten Ohren voran und nach ein paar weiteren Metern konnte Lenja es schließlich auch hören. Es war ein leises Wimmern, das aus dem grünen Dickicht zu kommen schien. Vorsichtig schob der große Löwe den dichten Farn zur Seite und darunter kam ein kleines schluchzendes Fellbündel zum Vorschein.

Lenja machte große Augen. Was war das denn? Das Wesen bemerkte die beiden Freunde und sah erschrocken zu ihnen auf. Lenja wollte das kleine Etwas am liebsten in den Arm nehmen, so herzzerreißend hilflos schaute es sie an. „Hallo Kleines", sagte der Löwe freundlich und lächelte das flauschige Wesen aufmunternd an. Das kleine Tier hatte große dunkle Knopfaugen, eine gewaltige runde Nase und war von Kopf bis Fuß mit wuscheligem braunen Fell bedeckt. „Du bist ein Faultier, nicht wahr?", fragte der Löwe, nachdem er das Wesen genau betrachtet hatte.

„Ja, das stimmt", antwortete das kleine Tierchen mit einer etwas quietschenden Stimme. „Was machst du denn so ganz alleine hier im Dschungel?", wollte Lenja von dem winzigen

Faultierkind wissen.

Das Faultier begann wieder herzergreifend zu schluchzen. Mit bebender Stimme berichtete es den Freunden, was passiert war: „Meine Familie wohnt hoch oben in den Bäumen. Da ich noch klein bin, kann ich noch nicht so gut klettern wie meine großen Geschwister. Deshalb wollte ich nachts heimlich üben, während die anderen schlafen. Zuerst hab ich es gut hingekriegt und habe mich von Baum zu Baum gehangelt, doch dann habe ich den Halt verloren und bin von einem Ast bis hinab zum Waldboden gestürzt", klagte es und die Tränen kullerten nur so über sein Fell. „Meine Beine tun jetzt weh und ich kann nicht mehr richtig klettern. Außerdem weiß ich nicht, wie ich zu meiner Familie zurückfinden soll!", jammerte das kleine Faultier und schniefte geräuschvoll.

„Oh je!", seufzte Lenja mitfühlend und streichelte dem knuffigen Wesen behutsam über das kleine Köpfchen. „Wir werden dir helfen, deine Familie wieder zu finden. Stimmt doch, oder Löwe?", fragte sie ihren Freund und dieser nickte bestätigend.

„Und für den Anfang sollten wir uns erst einmal um deine Beine kümmern. Lenja, du hast doch bestimmt noch ein wenig Drachenmoos dabei, oder?", überlegte der Löwe. Das Mädchen nickte und zog ein wenig Drachenmoos aus ihrer Tasche. Sie war froh, dass sie in der Fledermaushöhle so viel von dem wertvollen Moos gesammelt hatte. Gemeinsam verarzteten sie ihren neuen Freund. „Damit wird es dir gleich wieder besser gehen", versicherte ihm der Löwe. „Vielen Dank!", sagte das Faultier und lächelte schüchtern zu ihnen hoch.

Dann begaben die drei sich auf die Suche nach der Familie des flauschigen Wesens. Lenja trug es auf dem Arm, sodass es die Bäume ringsum gut sehen konnte. „Kommt dir hier irgendetwas bekannt vor?", fragte der Löwe ein paar Mal, doch das Faultier schüttelte nur betrübt den Kopf. Nach ein paar Minuten jedoch quiekte es laut auf und rief dann: „Hier ist unser Baum! Hier bin ich zu Hause!" Vor Freude wippte es auf und ab und fiel fast aus Lenjas Armen. „Alles klar!", rief der Löwe begeistert. „Das ging doch schnell. Aber wie bekommen wir dich nun wieder hinauf?" Er sah nach oben und begutachtete die Äste der riesigen Dschungelpflanze.

Lenja schaute das kleine Tier an. Es war so hilflos und mit seinen schmerzenden Beinen konnte es den hohen Baum nicht alleine erklimmen. Da kam ihr eine Idee. „Schaffst du es, dich auf meinem Rücken festzuklammern?", fragte sie das Faultier. „Dann bringe ich dich wieder zu deinen Eltern zurück."

Das flauschige Tierchen bejahte erfreut, kletterte auf Lenjas Rücken und klammerte sich erstaunlich gut fest. Dann begann das Mädchen den Aufstieg. Das Gewicht des kleinen Tieres spürte sie kaum, aber der Baum war trotzdem nicht leicht zu erklimmen. Zum Glück war die Rinde sehr borkig, sodass Lenja dort gut Halt fand, sie musste sich jedoch sehr anstrengen, um von einem Ast zum anderen zu gelangen. Das kleine Faultier auf ihrem Rücken feuerte sie leise an: „Super! Weiter so!", wisperte es, um ihre Konzentration nicht zu stören. Auf einem breiten Ast machte Lenja schließlich Rast. „Ich muss mich kurz ausruhen", keuchte sie und das Faultier löste sich vorsichtig von ihr.

Da klang plötzlich ein lautes Brummen an Lenjas Ohren. Zunächst dachte sie, der große Löwe sei ihnen nach geklettert, doch da rief das Faultierkind: „Papa!", und begann aufgeregt auf Lenjas Schoß auf und ab zu hüpfen. Sie hatte alle Hände voll damit zu tun, das wuschelige, wackelnde Tier festzuhalten und sich selbst vorm Herunterstürzen zu bewahren, sodass sie das riesige Faultier erst bemerkte, als es schließlich vor ihr auf dem Ast stand. „Papa!", rief der Kleine noch einmal und hüpfte geradewegs in die Arme seines Vaters. Dieser umarmte sein Kind liebevoll und gab ihm einen Kuss auf den flauschigen Kopf. „Da bist du ja! Wir haben dich schon überall gesucht!", rief er erleichtert und drückte seinen Sohn noch etwas fester an sich. „Ich bin beim Turnen vom Baum gefallen", sagte das junge Faultier kleinlaut. „Aber Lenja und ihr Freund haben mir geholfen und mich wieder nach Hause gebracht", erklärte es seinem Vater und zeigte auf das Mädchen. Der Faultiervater bedankte sich überschwänglich bei ihr. Als sie sich verabschiedeten, winkte der Kleine Lenja fröhlich zu und krallte sich auf dem Rücken seines Vaters fest. „Vielen Dank, Lenja!", rief er glücklich. „Und grüß den Löwen von mir!", fügte er noch hinzu und Lenja sah, wie die beiden Faultiere langsam zwischen den grünen Blättern verschwanden.

Zurück auf dem Waldboden zogen der Löwe und das Mädchen wieder weiter auf der Suche nach dem Weg aus dem Dschungel. Sie waren schon eine Weile unterwegs, als es plötzlich über ihnen in den Blättern raschelte. Der Löwe nahm sofort Kampfhaltung an und schob sich beschützend vor seine Freundin. Er knurrte warnend und ließ seine langen Fangzähne aufblitzen. Doch da aus dem Blätterdickicht ließ sich ein großes haariges Wesen auf den Waldboden plumpsen. Es war der Faultiervater mit seinem schlafenden Sohn auf dem Rücken. Der Löwe entspannte sich und begrüßte ihn überrascht, aber freundlich.

„Hallo, ihr beiden", sagte das Faultier und schüttelte erst Lenjas Hand und dann vorsichtig des Löwen riesige Pranke. „Wie gut, dass ich euch noch erwische! Mein Kleiner hat mir erzählt, dass ihr einen Ausweg aus dem Dschungel sucht und ich wollte euch einen Tipp geben. Dieser Urwald ist ein besonderer Urwald und es ist nicht einfach, einen Weg hinaus zu finden. An eurer Stelle würde ich zum Fluss gehen und die Tiere dort fragen, wie ihr zur alten Kröte kommt. Die Kröte kennt den Weg aus dem Dschungel und wenn ihr Glück habt, wird sie euch vielleicht weiterhelfen", erklärte er den beiden Freunden ernst.

„Das sind gute Ratschläge", bedankte sich Lenja bei dem hilfsbereiten Faultier. „Das ist wirklich sehr nett von dir!", ergänzte der Löwe und nickte ihm anerkennend zu. „Das ist ja wohl das mindeste, was ich für euch tun kann, nachdem ihr mir meinen Sohn zurückgebracht habt", meinte das große Tier und verabschiede sich von Lenja und dem Löwen.

„Nun", meinte der Löwe, als sie wieder alleine waren. „Jetzt wissen wir wenigstens, was zu tun ist."

Lenja stimmte ihm zu und stieg wieder auf seinen breiten Rücken. „Auf zum Fluss!", rief sie und freute sich, nun einen Plan zu haben.

KAPITEL 9

Klugheit

Da die beiden Freunde nun wussten, wohin die Reise als nächstes führen sollte, waren sie guter Dinge. Sie wollten den Fluss unbedingt so schnell wie möglich erreichen, um die Tiere dort nach dem Weg zur alten Kröte zu fragen. Lenja saß auf dem Rücken des Löwen und kraulte ihn hinter den Ohren. „Meinst du die alte Kröte, von der das Faultier sprach, kennt wirklich den

Weg aus dem Dschungel?", fragte das Mädchen ihren Begleiter hoffnungsvoll. „Ich weiß nicht", sagte dieser. „Aber es kann nicht schaden, sie mal danach zu fragen. Nur müssen wir jedoch erst einmal den Fluss finden", gab der Löwe zu bedenken.

Zwar hatte das Faultier ihnen den Weg zum Fluss grob beschrieben, aber der Dschungel war so dicht, dass es schwierig war, sich zurechtzufinden. „Meinte er nicht, wir müssen den Hügel hinuntergehen?", fragte der Löwe seine Freundin und versuchte sich zu erinnern. „Ja, ich glaube schon", stimmte Lenja ihm zu. Also gingen sie eine Weile abwärts, bis das Gelände wieder flacher wurde.

„Und jetzt?", fragte das Mädchen und kratzte sich nachdenklich am Kopf. „Es hilft alles nichts", antwortete der Löwe. „Wir müssen jemanden um Rat fragen."

Die beiden sahen sich suchend um. Der Urwald war hier ungewöhnlich still und sie waren schon eine Weile keinem Tier mehr begegnet. Als sie weiter gingen, hielten sie die Augen offen und lauschten auf Geräusche. Da sah Lenja ein winziges Tier über einen umgefallenen Baumstamm huschen. Gerade war es noch da, schon war es wieder verschwunden. „Halt mal kurz an!", flüsterte sie dem Löwen ins Ohr und stieg dann von seinem Rücken hinunter. Leise schlich sie zu dem alten Baumstamm, der dicht mit Moos und anderen Pflanzen bewachsen war. Als sie das Blatt eines großen Farns zur Seite schob, krabbelte das kleine Wesen flink hinter die nächste Pflanze und war sofort wieder verborgen.

„Hallo, kleine Spinne", sagte Lenja sanft. „Bitte renn nicht weg. Wir tun dir nichts, wir wollen dich nur etwas fragen", erklärte sie freundlich.

Zögerlich kam erst ein Beinchen und dann die ganze Spinne hinter dem Blatt hervor gekrabbelt. „Etwas fragen?", fragte sie mit einer so feinen Stimme, dass Lenja sie kaum hören konnte.

„Ja genau", stimmte Lenja zu. „Wir suchen nach dem Weg zum Fluss. Kannst du uns vielleicht helfen?"

Die kleine Spinne krabbelte hin und her. „Zum Fluss? Zum Fluss?", fragte sie aufgeregt und fuhr dann eifrig fort: „Durchs Dickicht, durchs dichte Dickicht müsst ihr gehen! Gefährlich! Gefährlich!", rief sie noch und schon war sie wieder verschwunden. „Halt! Warte!", rief Lenja ihr hinterher, doch das kleine Tierchen war schon auf und davon. „Das hätte ich jetzt aber gerne noch ein bisschen genauer gewusst", meinte sie und sah ihren Freund verwirrt an.

„Durchs Dickicht? Das klingt ja nicht besonders angenehm", sagte der Löwe wenig begeistert.

„Was meint sie wohl mit gefährlich?", überlegte das Mädchen und klang besorgt.

„Ach, so eine winzige Spinne hat sicher vor vielem Angst. Aber du musst dich nicht fürchten, Lenja. Du hast schließlich einen Löwen dabei", sagte er stolz und grinste ihr zu. Das beruhigte Lenja ein wenig und so schlugen die beiden Freunde den Weg durch das Dickicht ein.

Sie mussten sich durch widerspenstiges Dornengestrüpp und stachelige Äste kämpfen und die Zweige und Blätter verfingen sich in Lenjas Haaren und des Löwen stattlicher Mähne. Auch ihre Gesichter waren schnell zerkratzt und das kleine Mädchen hoffte inständig, dass dies wenigstens der richtige Weg war.

„Da vorne ist das Dickicht endlich zu Ende!", rief der Löwe schließlich seiner Freundin zu, die abgestiegen war und hinter ihm ging. „Ich kann schon eine kleine Lichtung sehen", fügte er erleichtert hinzu.

Als sie endlich aus dem Gestrüpp traten, untersuchten die beiden ihr Verletzungen. „Wir sehen ganz schön zerkratzt aus", meinte der Löwe. „Zum Glück haben wir das Schlimmste hinter uns gebracht!"

Lenja stimmte ihm zu und zupfte ihm hängen gebliebene Zweige und Blätter aus dem braunen Fell. Dann setzten sie ihren Weg gemeinsam fort. Zunächst bemerkten die beiden, dass der Boden immer feuchter wurde und ihre Füßen schmatzende Geräusche auf der schlammigen Erde verursachten.

„Ich glaube, das ist ein gutes Zeichen", sagte der Löwe und zog seine Pranke aus dem Morast. „Sicher sind wir dem Fluss jetzt schon ganz nah." Lenja hoffte es, denn so langsam bekam sie Durst.

Doch der Boden wurde immer schlammiger und die Beine des Löwen sanken mehr und mehr ein. „Macht nichts!", sagte dieser und tat es mit einem Lächeln ab. „Sobald wir am Fluss sind, können wir uns den ganzen Schlamm vom Körper waschen".

„Oh ja", sagte Lenja. Das klang gut. Auch sie steckte inzwischen fast bis zu den Knien in der feuchten Erde. Es war nicht einfach, die Beine wieder freizubekommen und bei jedem Schritt sank sie etwas tiefer ein.

„Löwe", meinte sie, nachdem sie sich noch ein paar Schritte weiter gekämpft hatten. „Ich glaube, wir sollten umkehren."

Doch dafür war es bereits zu spät. Sie hatte bemerkt, dass sie ihre Füße nicht mehr aus dem Schlamm ziehen konnte. So sehr sie auch zog und zerrte, ihre Beine wollten sich nicht aus dem tückischen Morast lösen. „Löwe!", schrie sie noch einmal panisch und versuchte weiterhin, sich frei zu kämpfen. „Ich komm nicht mehr vom Fleck! Ich weiß nicht, was ich tun soll!"

Doch auch der Löwe merkte, dass er feststeckte. Der Morast ging ihm inzwischen bis zum Bauch und schien immer weiter zu steigen. „Wir versinken!", rief er aufgebracht und von seiner sonst so ruhigen Art war nichts mehr zu spüren. „Lenja, ich glaube, wir sind in einem Sumpf gelandet!"

„Was sollen wir nur tun?", fragte das Mädchen ihren großen Freund ängstlich und Tränen stiegen ihr in die Augen. Das hatte die Spinne also mit gefährlich gemeint, schoss es ihr durch den Kopf.

„Halt dich an mir fest!", rief der Löwe Lenja zu. Sie versuchte ihn zu erreichen, doch er war zu weit entfernt. „Ich komm nicht an dich ran", jammerte sie. Die Tränen liefen ihr inzwischen über die zerkratzten Wangen.

„Okay, wir müssen uns beruhigen und uns etwas einfallen lassen", sagte der Löwe eindringlich, während er weiterhin versuchte, seine Beine aus dem Schlamm zu befreien.

„Denk nach, Lenja", rief er und sah sich suchend um. Auch Lenja versuchte sich zu beruhigen und suchte ihre Umgebung nach Hilfe ab. Doch weit und breit war kein Tier in Sicht. Sie dachte angestrengt nach, was jetzt zu tun sei und plötzlich schoss ihr eine brillante Idee durch den Kopf. Nicht weit von ihr entfernt stand ein kräftiger Baum von dem viele Lianen hinunter hingen. Sie reckte und streckte sich, doch ihre Finger verfehlten die nächste Liane um wenige Zentimeter. Lenja zog und zerrte am Schlamm und warf sich in Richtung der rettenden Pflanze. Der Löwe hatte ihren Plan inzwischen durchschaut und feuerte sie kräftig an: „Komm schon, Lenja! Du schaffst das! Nur noch ein paar Zentimeter!"

Mit einem letzten kräftigen Ruck erreichte sie die Liane schließlich und griff fest zu. Dann hielt sie sich fest so gut sie konnte und begann sich aus dem Sumpf hinaus zu arbeiten. Das Mädchen hoffte inständig, dass die Ranke dick genug war, um ihr Gewicht zu halten ohne zu reißen. Doch sie hatte Glück und konnte sich an der Pflanze Stück für Stück weiter aus dem Morast ziehen. Erschöpft stand sie schließlich wieder auf festem Grund, doch als sie zu ihrem Freund blickte, erschrak sie. Während sie sich aus dem Sumpf gekämpft hatte, war der Löwe nur noch tiefer im Schlamm eingesunken.

Schnell überlegte Lenja, was zu tun war und entschied sich schließlich dafür, eine ganze Reihe von Lianen zusammen zu binden. Eine Ranke alleine würde das Gewicht des schweren Löwen kaum halten können, ohne zu reißen, aber mehrere zusammen könnten die Last hoffentlich aushalten. Als sie die Lianen zusammen gebunden hatte, warf sie das dicke Bündel ihrem Freund zu. Zunächst verfehlte sie das offene Maul des Löwen, doch nach einem weiteren Versuch landeten die Lianen genau zwischen den Zähnen des Raubtieres. Der Löwe biss kräftig zu und zog so kräftig an dem Bündel, dass Lenja Angst bekam es könnte reißen. Doch der Löwe schaffte es seine Vorderbeine aus dem Schlamm zu befreien und konnte sich nun mit seinen großen Pranken an den Ranken festklammern. Nun zerrte er noch stärker und schließlich gelang es auch ihm, sich langsam aus dem Morast heraus zu ziehen. Lenjas kluge Idee hatte ihm das Leben gerettet.

Als er endlich den Rand des Sumpfes erreicht hatte, schüttelte er zunächst kräftig sein Fell und ließ sich dann erledigt auf den Rücken fallen. „Puh!", machte er erschöpft und schloss die Augen. Lenja legte sich erledigt neben ihn. Auch ihr hatte dieses Abenteuer alles abverlangt. „Danke Lenja", keuchte der große Löwe. „Wieder einmal verdanke ich dir mein Leben." Das Mädchen winkte ab. „Dasselbe hättest du auch für mich getan", erwiderte sie.

Gemeinsam lagen sie eine Weile auf dem Rücken, froh am Leben zu sein und ruhten sich aus. Dann fing der Schlamm langsam an zu trocknen und wurde hart auf ihrer Haut.

„Lass uns diesen Dreck abwaschen gehen", schlug Lenja schließlich vor und der Löwe stimmte ihr zu. „Ich kann es kaum erwarten", antwortete er und gemeinsam machten sie sich wieder auf den Weg.

KAPITEL 10

Unvoreingenommenheit

Da die beiden Freunde sehr erschöpft waren, gingen sie an diesem Tag langsam und gemütlich durch den scheinbar nie enden wollenden Urwald. Lenja verzichtete darauf, sich auf den Rücken des Löwen zu setzten, um diesen nicht zusätzlich zu belasten. Der lästige Schlamm, der auf ihrer Haut getrocknet war, spannte unangenehm und fing schließlich an zu jucken. Auch das Fell des Löwen war nicht mehr wieder zu erkennen. Er war von oben bis unten mit dem braunen Morast bedeckt und alle paar Meter schüttelte er sich in dem hoffnungslosen Versuch, die unangenehme Schlammschicht abzuwerfen.

Als die beiden schließlich das leise Gluckern von fließendem Wasser vernahmen, wurden sie wieder munter. Der Löwe sprang los und raste geradewegs durch die Büsche und Bäume, die das Wasser vor ihnen verbargen. So schnell hatte sie ihren Freund noch nie Rennen sehen und Lenja lachte fröhlich auf. Auch sie wollte so schnell sie konnte den kühlenden Fluss erreichen und raffte ihr Schlamm bedecktes Nachthemd mit den Händen zusammen. Sie sprang ihrem großen Freund nach und als der Fluss endlich in Sichtweite kam, sah sie nur noch, wie der Löwe einen großen Satz machte und mit einem lauten Platschen im kühlen Wasser landete. Das Wasser spritzte wild nach allen Seiten und Lenja jubelte. Auch sie eilte geradewegs in den Fluss hinein. Das kühle Wasser weckte ihre Lebensgeister wieder und nachdem sowohl Löwe als auch Mädchen sich satt getrunken hatten, spritzten sie sich gegenseitig das kühle Wasser ins Gesicht. Es war eine angenehme Abkühlung, denn der Tag war sehr heiß. Sie tobten und spielten und begannen schließlich auch die letzten Reste des Matsches abzuwaschen. Lenja genoss es, als sich der Schlamm endlich von ihrem Körper und aus ihren Haaren wusch. Sie fühlte sich so sauber wie seit langem nicht mehr.

Nachdem sie eine ganze Weile geplanscht hatten, wurden sie langsam wieder etwas ruhiger. Der Löwe legte sich im Wasser auf den Rücken und genoss die Sonne, die durch das grüne Blattwerk über ihm hindurch schien. Auch Lenja tat es ihm nach. Wie ruhig und friedlich es hier war. So trieben sie nebeneinander auf dem Rücken dahin und genossen die Ruhe und die Kühle des Wassers.

Lenja schloss zufrieden die Augen. Nachdem sie ein paar Minuten so im Wasser auf und ab getrieben waren, drang plötzlich ein leises Plätschern an ihre Ohren. Da es sich so anhörte, als würde es auf sie zukommen, öffnete Lenja die Augen wieder und starrte völlig perplex in das Gesicht eines Tieres. Sein Kopf schaute direkt neben dem ihren aus dem Wasser. Zuerst erschrak das Mädchen, doch das Wesen hatte ein sehr nettes Gesicht und schien sie neugierig anzulächeln. „Huch!", entfuhr es Lenja überrascht. Und auch der Löwe war inzwischen zu ihnen geschwommen, um den Neuankömmling genauer unter die Lupe zu nehmen.

„Hallo", sagte der Löwe freundlich. „Du bist bestimmt ein Otter, oder? Kannst du uns vielleicht sagen wo die alte Kröte wohnt?"

Der Otter sah das große Raubtier verärgert an. „Ein Otter?", fragte er vorwurfsvoll. „Ein Otter? Ich bin viel mehr als nur ein Otter! Ich bin ein Riesenotter!", sagte er stolz und streckte sein Hinterteil samt Schwanz aus dem Wasser, sodass die beiden Freunde sehen konnten, wie lang das Tier war.

„Oh, Verzeihung!", sagte der Löwe irritiert und zog die buschigen Augenbrauen in die Höhe. Der Riesenotter war wirklich ziemlich lang. Er hatte ein samtiges Fell, das im Wasser glänzte und eine runde Stupsnase mit langen weißen Schnurrhaaren.

„Kannst du uns denn sagen, wo die alte Kröte zu finden ist?", fragte Lenja nun. „Lieber Riesenotter", fügte sie hastig hinzu.

„Den Weg zur alten Kröte kenne ich leider nicht", antwortete dieser. „Da müsst ihr ein anderes Tier fragen. Hier gibt es viele Tiere, die euch sicher gerne weiter helfen. Hauptsache, ihr lasst euch den Weg nicht von einer Schlange erklären. Alle Schlangen lügen und betrügen", warnte er sie nachdrücklich, vollführte einen eleganten Bogen mit seinem Körper und schwuppdiwupp war er im tiefen Wasser verschwunden.

„Weg ist er", sagte der Löwe. „Und wir sind kein bisschen näher an unserem Ziel."

Die beiden Freunde schwammen ans Ufer, um sich in der Sonne zu trocknen. Der Löwe schüttelte sein Fell ausgiebig und Lenja war ein bisschen neidisch, dass sie es ihm nicht nachtun konnte. Aber auch ihr Nachthemd war bald wieder angenehm warm und trocken, denn die Sonne schien immer noch kräftig.

Dann machten die beiden sich auf die Suche nach einem anderen Tier, das sie nach dem Weg zur Kröte befragen konnten. Als der Löwe einen kleinen roten Krebs entdeckte, der im Zickzack am Uferrand entlang krabbelte, stieß er Lenja an, sodass sie behutsam näher an das Tier heran ging. Der große Löwe wollte das kleine Wesen nicht verschrecken.

„Hallo kleiner Krebs", sprach sie ihn freundlich an. Der Krebs hatte sie vorher offensichtlich nicht bemerkt und fuhr erschrocken zusammen. Dann drehte er sich umständlich um und beäugte das Mädchen. „Hi", sagte Lenja noch einmal. „Hallo", antwortete das kleine Tier und wackelte mit seinen Scheren. „Wir wollten dir nur kurz eine Frage stellen", erklärte Lenja und fuhr dann hoffnungsvoll fort: „Kennst du vielleicht den Weg zur alten Kröte?"

Der kleine Krebs krabbelte ein Stückchen auf sie zu und antwortete dann: „Nein, den Weg kenne ich leider nicht. Da müsst ihr wohl jemand anderen fragen. Aber bloß keine Schlange!", rief er und wackelte ganz aufgeregt mit seinen Scheren. „Das ist eine Bande von Lügnern!", fügte er hinzu und bevor Lenja etwas erwidern konnte, hatte er sich im Sand eingegraben, sodass er nicht mehr zu sehen war.

Ratlos ging Lenja zum Löwen zurück und berichtet ihm, was der kleine Krebs ihr erzählt hatte. „Hmm, Schlangen haben hier wohl keinen allzu guten Ruf", meinte er dann und sie setzten ihre Suche fort.

Als sie nach ein paar Metern eine erneute Bewegung zwischen den Steinen des Flussufers sahen, machte sich Lenja sogleich auf, um das nächste Tier zu befragen. Da jedoch sah sie, dass es sich um eine kleine, leuchtend grüne Schlange handelte. Erst hielt das Mädchen inne, denn sie erinnerte sich an die Warnungen der Tiere, doch dann dachte sie noch einmal darüber nach. Hatte ihre Mutter ihr nicht beigebracht, man solle sich immer eine eigene Meinung bilden und sich nicht auf die Urteile anderer verlassen? „Es ist wichtig, jedem Menschen eine Chance zu geben", hörte sie die Stimme ihrer Mutter in ihrem Kopf. Das galt sicher auch für Tiere, dachte Lenja sich und so ging sie vorsichtig auf die kleine Schlange zu.

„Hallo Schlange", begann sie und ging in die Knie, um besser mit dem Tier sprechen zu können. „Kannst du uns vielleicht helfen? Wir sind auf der Suche nach der alten Kröte und kennen den Weg nicht", erklärte sie freundlich.

„Ohhh", zischte die Schlange unheimlich, aber erfreut. „Ich bin so froh, dass du mich fragst! Zzz, nie spricht mich jemand an. Nie redet jemand mit mir, Zzz, weil keiner etwas mit einer

Schlange zu tun haben will", sagte sie niedergeschlagen. „Dabei sind wir Schlangen gar nicht so gemein, zzz, wie alle Tiere denken. Zzz, Aber keiner gibt uns eine Chance", zischte sie nun aufgebracht und ringelte sich im Sand. Ihr leises Zischen bereitete Lenja Unbehagen, doch das Tier tat dem Mädchen auch leid.

„Ich glaube dir", sagte sie ehrlich und fragte noch einmal nach dem Weg zur Kröte. „Den Weg zur Kröte kenne ich, zzz", zischte die Schlange und war hocherfreut helfen zu können. Sie erklärte Lenja den Weg ausführlich und diese versuchte, sich alles genau einzuprägen.

„Du bist ein Schatz!", sagte Lenja dankbar, als die Schlange geendet hatte.

„Ich wünsche dir viel Erfolg, kleines Mädchen, Zzz!", zischte die Schlange. „Die Kröte hilft nicht jedem. Aber du scheinst ein guter Mensch zu sein, Zzz. Vielleicht hast du ja Glück. Ich wünsche es dir jedenfalls", rief sie freundlich und schlängelte sich durchs dunkle Unterholz davon.

Lenja lief zufrieden zu ihrem großen Freund zurück. Endlich kannte sie den Weg zur alten Kröte! Jetzt konnte es losgehen!

Als der Löwe sie so freudestrahlend auf sich zukommen sah, rief er direkt: „Hast du Erfolg gehabt? Kennst du jetzt den Weg?" Er war sichtlich aufgeregt und freute sich darauf, sich endlich auf den Weg zur Kröte machen zu können.

„Den kenne ich tatsächlich", antwortete Lenja glücklich. Sie berichtete ihm von ihrer Unterhaltung mit der hilfsbereiten

Schlange. „Eine Schlange hat dir den Weg erklärt?", fragte der Löwe irritiert. „Hast du dem Riesenotter und dem Krebs denn nicht zugehört?", fuhr er verwirrt fort.

„Doch das habe ich", antwortete Lenja und erklärte ihm dann, dass sie der Meinung war, man solle sich selbst ein Bild von jedem Lebewesen machen. „Nicht jede Schlange ist eine Lügnerin", erläuterte sie ihm. „Genauso wie nicht jeder Löwe böse ist und nur darauf aus, alle Tiere zu fressen, die ihm über den Weg laufen", sagte sie und tätschelte ihm den Kopf. Der Löwe dachte daran, dass er früher auch davon ausgegangen war, alle Menschen seien gleich und wären nur darauf aus, ihn zu erschießen. Doch dann hatte er Lenja kennengelernt und war vom Gegenteil überzeugt worden.

„Da hast du wohl recht", sagte er anerkennend und nickte mit dem Kopf. „Von dir kann ich wohl noch einiges lernen."

Lenja grinste und gemeinsam machten sie sich auf den Weg zur alten Kröte.

KAPITEL 11

Zielstrebigkeit

Und so brachen Lenja und der Löwe auf, um den Weg zur alten Kröte anzutreten. „Hoffentlich hilft sie uns auch wirklich", meinte Lenja und zupfte gedankenverloren ein paar Blätter aus dem Fell des großen Tieres. Sie saß auf seinem Rücken und gab ihm Anweisungen, in welche Richtung er gehen sollte.

„Die Schlange meinte, dass die Kröte wohl nicht jedem weiterhilft", sagte sie besorgt.

„Ach, mach dir mal darüber keine Gedanken", meinte der Löwe. „Gemeinsam konnten wir bis jetzt noch jeden überzeugen, uns zu helfen." Es beruhigte Lenja zu wissen, dass sie ihren Freund auch bei diesem Abenteuer an ihrer Seite hatte.

„Hier müsste es irgendwo sein", sagte das Mädchen und ließ ihren Freund anhalten. Behände stieg sie von seinem Rücken und sah sich aufmerksam um.

„Die kleine Schlange meinte, dass es hier bei dem dicksten, ältesten Baum weit und breit ein Loch gäbe, in das man hineinschlüpfen müsste, um zur Kröte zu kommen. Das müsste doch der dickste Baum sein, oder?", fragte sie und zeigte auf einen sehr breiten, sehr krummen Baum. Seine Äste waren so breit, dass der Löwe gemütlich darauf hätte schlafen können und Lenja glaubte, noch nie einen annähernd so dicken Stamm gesehen zu haben.

„Lass uns einmal drum herum gehen, um die Öffnung zu finden", schlug ihr Freund vor und setzte sich in Bewegung. Schließlich hielt er vor einem schmalen Loch unter einer dicken wulstigen Wurzel an. Lenja schaute entsetzt auf den kleinen Eingang und auch der Löwe wusste nicht recht, was er davon halten sollte.

„Da passe ich doch niemals durch!", rief er dann bestürzt. Die beiden wussten nicht, was sie machen sollten und setzten sich erst einmal neben den Höhleneingang, um zu beratschlagen. „Vielleicht sollten wir einfach selbst weiter nach einem Weg aus dem Dschungel suchen", schlug der Löwe schließlich resigniert vor. „Oder wir warten, bis die Kröte rauskommt", überlegte

Lenja. Doch da sie beide nicht sicher waren, ob die Kröte wohl jemals ihre Höhle verließ, verwarfen sie auch diese Idee.

„Es hilft alles nichts", sagte Lenja schließlich und schaute den Löwen an. „Nur ich passe durch die Öffnung, also werde ich alleine zur alten Kröte gehen." Das große Tier war zunächst dagegen, doch da ihm keine andere Lösung einfiel, stimmte es letztendlich widerwillig zu. „Aber pass gut auf dich auf!", bat der Löwe sie. Lenja umarmte ihren lieben Freund und machte sich dann daran, durch die schmale Öffnung zu kriechen.

Sie kroch auf allen vieren durch eine Art Tunnel. Immer wieder rankten sich dicke Wurzeln von einer Seite des Durchgangs zur anderen und Lenja musste umständlich über sie hinweg steigen. Die Erde war anfangs sehr feucht, doch je tiefer das Mädchen kroch, desto härter und steiniger wurde sie.

Als Lenja kurz Rast machte, um ihre Hände und Knie auszuruhen, schob sich direkt neben ihrem Kopf ein kleines Würmchen aus der Decke. Sie starrte es erschrocken an und das Würmchen starrte zurück.

Dann blinzelte sie ein paar Mal und sagte „Hallo?" Das Tierchen ringelte sich und begrüßte sie schließlich ebenfalls: „Hallo Mädchen", sagte es freundlich.

„Ich beobachte dich schon eine Weile. Endlich hältst du mal an. Mit deinem Tempo kann man ja kaum mithalten", beschwerte es sich.

„Oh", sagte Lenja verwundert. „Entschuldige bitte. Ich wusste nicht, dass du mit mir reden willst", versicherte sie dem kleinen Wesen. „Ja", begann der Wurm. „Ich wollte dir nur einen Hinweis geben. Schon viele haben versucht, zur alten Kröte zu gelangen, um sie um Rat zu fragen. Aber es passiert sehr schnell, dass man sich in diesem Tunnellabyrinth verläuft. Du darfst dich nicht ablenken lassen! Hier unten passiert allerhand und es ist wichtig, dass du dich auf dein Ziel konzentrierst, sonst wirst du es womöglich nicht dorthin schaffen", schärfte das Würmchen dem Mädchen ein.

„O-okay", antwortete Lenja stockend. Das klang ja überhaupt nicht gut. „Wie erkenne ich denn den richtigen Weg?", fragte sie noch schnell, bevor das Tier sein Köpfchen wieder zurück in die Erdwand zog. „Der richtige Weg ist der glitschige Weg", rief das Würmchen gedämpft, da es schon fast wieder vollständig in der Decke verschwunden war. „Der glitschige Weg?", fragte Lenja irritiert und nicht ganz sicher, ob sie den Wurm richtig verstanden hatte, aber dieser hatte sich schon wieder komplett in die Tunnelwand zurückgezogen und war nicht mehr zu sehen.

„Okay", dachte sich Lenja. „Ich darf mich nicht ablenken lassen und ich muss auf dem glitschigen Weg bleiben, um an mein Ziel zu kommen. Das kriege ich schon hin", sprach sie sich Mut zu und machte sich wieder auf den Weg.

Zunächst verlief der Tunnel immer nur weiter abwärts und geradeaus, sodass sie immer tiefer ins Erdreich eindrang. Dann kam sie an die erste Abzweigung und wirklich, einer der beiden Wege war ein wenig glitschiger und feuchter als der andere. Lenja dankte dem Würmchen im Geiste und nahm die richtige Abzweigung. Zum Glück hatte das kleine Tier ihr diesen Trick verraten, sonst wäre sie schon jetzt verloren gewesen! Und so kroch sie immer weiter und nahm bei jeder Abzweigung den glitschigeren Weg. So schien es endlos weiter zu gehen und schnell langweilte das Mädchen sich. Zudem war sie nicht an das ständige Krabbeln gewöhnt und Hände und Knie taten ihr weh. Sie sehnte sich danach, ihren Rücken wieder auszustrecken, doch im engen Tunnel war dafür kein Platz.

„Wie lang muss ich denn noch krabbeln?", fragte sich Lenja gerade genervt, da hörte sie wildes Singen und Tröten.

Neugierig und froh über eine Ablenkung hielt sie darauf zu. Die Geräusche kamen aus einer Höhle, die bunt mit Blumen geschmückt war. Als sie um die Ecke lugte, entdeckte sie mehrere kleine Mäuse, die zusammen sangen und lachten. So ein fröhliches, buntes Bild hatte sie hier mitten unter der Erde nicht erwartet. Sie musste lächeln, als sie die kleinen Geschöpfe sah, die so viel Spaß zu haben schienen. Als die Mäuse sie um die Ecke spähen sahen, riefen sie ihr fröhlich zu, sie solle doch reinkommen und mit feiern. „Ich will mich nur kurz ein bisschen ausruhen", sagte Lenja sich und kroch begeistert in die Höhle hinein. Hier war die Decke etwas höher und das Mädchen streckte sich, froh sich endlich wieder etwas entspannter hinsetzen zu können. „Was feiert ihr denn?", fragte sie neugierig und besah sich die geschmückte Höhle. „Ich habe heute Geburtstag!", piepste eine der kleinen Mäuse stolz. Sie hatte ein braunes Fell und winzige struppige Ohren. Lenja gratulierte dem wuscheligen Tierchen und genoss die gute Stimmung. Es war ein tolles Fest. Die Mäuse sangen und tanzten und spielten die lustigsten Spiele. Das Mädchen vergaß, was der kleine Wurm ihr geraten hatte. Und auch an den wartenden Löwen dachte sie in diesem Moment nicht. Erst als die Mäuse sich langsam eine nach der anderen zum Schlafen hinlegten, fiel ihr auf, wie lange sie schon in dieser Höhle war. Sie erschrak und verabschiedete sich eilig von den müden Mäusen.

„Oh je", sagte sie zu sich selbst, als sie endlich wieder durch den glitschigen Tunnel kroch. „Da hab ich wohl eine längere Pause gemacht als ursprünglich geplant. Egal, jetzt geht es weiter!"

Und so setzte sie ihren Weg fort, während sie die fröhlichen Melodien der kleinen Tierchen vor sich hin summte, um sich nicht zu langweilen. Auch sie war inzwischen sehr müde geworden und am liebsten wäre sie umgekehrt, um sich zwischen die schlafenden Mäuse zu kuscheln. Aber sie wollte keine weitere Zeit mehr verlieren.

Nach einer gefühlten Ewigkeit hörte sie erneut leise Stimmen. Als sie näher kam, erkannte sie, dass da jemand eine Geschichte erzählte. Sie spitzte die Ohren, nahm sich aber vor, diesmal nicht anzuhalten. Der Löwe musste ja schon ganz verrückt vor Sorge sein, dachte sie sich.

Es war eine sanfte Stimme, die eine wunderschöne Geschichte erzählte. Darin ging es um einen kleinen Affen, der tolle Abenteuer erlebte. Das Mädchen ging noch ein paar Schritte weiter und sah, dass eine weitere Höhle vom Tunnel abzweigte. Darin saßen zwei kleine Kaninchen, die sich an das warme Fell ihrer Mutter kuschelten. Eins der beiden Jungtiere schlummerte schon friedlich vor sich hin. Ohne das Lenja es gemerkt hatte, war sie stehengeblieben, um der sanften Stimme zu lauschen.

So stand sie ein paar Minuten, bis sie erschrocken feststellte, dass sie schon wieder einen Halt gemacht hatte. Ärgerlich setzte sie sich wieder in Bewegung und krabbelte weiter durch das riesige Tunnellabyrinth. „Hier geschieht wirklich allerhand", dachte sie sich und musste an die Worte des kleinen Wurmes denken.

Auf ihrem weiteren Weg durch das Erdreich nahm Lenja sich zusammen und schaffte es tatsächlich nicht mehr anzuhalten. Selbst als sie an einer alten, vermoderten Truhe vorbei kam, deren Inhalt verlockend glitzerte, kroch sie zielstrebig weiter. „Vielleicht ein Piratenschatz", überlegte sie, zwang sich aber dazu, nicht stehen zu bleiben. Selbst wenn es eine richtige Schatztruhe war, sagte sie sich, könnte sie sowieso nichts davon mitnehmen. Der Weg war schon so beschwerlich genug, auch ohne die Taschen voller Goldstücke.

Schon bald kam sie an eine weitere Höhle. Als sie um die Ecke lugte, eröffnete sich ihr ein wunderschönes Bild. Die kleine Höhle hing voller glitzernder und funkelnder Kristalle. In allen Regenbogenfarben leuchteten sie in der Dunkelheit und Lenja konnte nicht anders, als diese Schönheit der Natur zu bewundern. Am liebsten wäre sie stehen geblieben und hätte diesen wunderschönen Anblick ausgiebig betrachtet, aber ihr schlechtes Gewissen trieb sie weiter voran. „Wenn ich bei jeder Höhle stehen bleibe, schaffe ich es nie zur Kröte", sagte sie sich und kroch entschlossen weiter.

KAPITEL 12

Mut

Das Mädchen bemerkte, dass die Erde nun immer feuchter wurde und der Gang immer schmaler. Der Schlamm, der den Tunnelboden bedeckte, war tatsächlich „glitschig", wie der kleine Wurm es gesagt hatte. Sie wusste also, dass sie auf dem richtigen Weg war. Lenja musste schon tief in das Tunnellabyrinth eingedrungen sein, denn inzwischen war es dunkler geworden und eine unheimliche Stille hatte sich ausgebreitet. In diesem Bereich der Höhle schienen keine anderen Tiere mehr zu hausen und Lenja wurde ein bisschen mulmig.

Als sie so weiter

durch das Erdreich kroch, vernahm sie plötzlich ein eigenartiges Brummen. Es erfüllte den ganzen Tunnel und hallte von den Wänden wider. Zunächst hielt sie verschreckt inne und überlegte, was sie tun sollte. Doch sie nahm an, dass sie nun bald am Ziel ihres langen Weges sein müsste und kroch mutig weiter. „Jetzt aufzugeben wäre Quatsch", sagte sie sich und obwohl das tiefe Brummen wirklich unheimlich war, hatte sie auch keine Lust, diese anstrengende Suche umsonst gemacht zu haben. Trotzdem kroch sie nun etwas langsamer voran und versuchte keine Geräusche mit ihren Händen und Knien zu verursachen. Der Tunnel wurde immer düsterer und schon bald musste das tapfere Mädchen sich blind voran tasten. Zu dem Brummen gesellte sich jetzt eine Art stetiges Tropfen und als Lenja um eine Tunnelecke bog, sah sie endlich das Schimmern von grünlichem Licht am Ende des Ganges. Das Brummen war hier lauter und es gesellten sich noch andere seltsame Geräusche hinzu. Außerdem fiel ihr auf, dass es modrig roch.

Als sie die Lichtquelle fast erreicht hatte, hielt sie kurz an, um sich Mut zuzusprechen. „Du schaffst das", sagte sie sich leise und versuchte ruhig zu atmen. „Du hast dein Ziel fast erreicht. Den letzten Schritt schaffst du auch noch!" Sie holte tief Luft, um sich auf den nächsten Schritt vorzubereiten, dann nahm sie all ihren Mut zusammen.

Langsam lugte sie um die Ecke und fuhr erschrocken zurück. Hunderte kleinerer und größerer Kröten waren in der großen, feuchten Höhle versammelt und brummten und quakten vor sich hin. Von der Decke tropfte das Wasser auf die Tiere hinab und der Boden war übersät mit Pfützen und glitschigem Schlamm. Die alte Kröte war offensichtlich die Anführerin, denn sie hatte sich auf einem erhöhten Podest niedergelassen. Lenja sah sie erstaunt an, das war mit Abstand die größte Kröte, die sie jemals gesehen hatte! Die Augen des enormen Tieres waren halb geschlossen und es brummte abwesend vor sich hin. Lenja sah, dass der dicke Körper bräunlich glänzte und mit unzähligen Flecken und Warzen bedeckt war. Die gelben Augen der alten Kröte leuchteten unter ihren hängenden Lidern hervor. Dem Mädchen fiel auf, dass das Licht in der Höhle von schmalen, grünlich leuchtenden Pilzen stammte, die hier überall in kleinen Grüppchen wuchsen. Es verlieh dem Raum etwas Gruseliges und sie fühlte sich, als wäre sie in einer anderen Welt gelandet.

Noch einmal nahm sie all ihren Mut zusammen und trat entschlossen um die Ecke. Bisher hatte keine der Kröten sie bemerkt, also machte Lenja noch ein paar Schritte in die feuchte Höhle hinein. Sie räusperte sich einmal kurz, um die Aufmerksamkeit der Amphibien zu bekommen und sofort verstummten alle Geräusche im Raum.

Alle Augenpaare waren plötzlich neugierig auf das kleine Mädchen gerichtet. Lenja schluckte nervös, dann wandte sie sich an die Anführerin: „Guten Tag", sagte sie zittrig. „Mein Name ist Lenja", und weil sie unsicher war, was zu tun war, machte sie eine kleine Verbeugung.

Die alte Kröte sah sie mürrisch an. „Lenja also", quakte sie. „Und warum störst du uns? Was tust du in der Krötengrotte? Menschen haben hier nichts zu suchen!", rief sie garstig. Die anderen Kröten quakten zustimmend und sahen sie verärgert an.

„Ich - ich brauche eure Hilfe", sagte Lenja verunsichert. Es schien ihr zwar nicht so, als könnte sie wirklich Unterstützung von diesen mürrischen Tieren erwarten, aber sie wollte es wenigstens versuchen.

„Unsere Hilfe?", fragte die alte Kröte höhnisch. „Und warum sollten wir dir helfen, Kind? Was tust du für uns?" Lenja sah sie erschrocken an. Was konnte sie für diese Tiere tun? Ihr fiel nichts ein.

„Ich weiß nicht", begann das Mädchen zögernd, doch die Kröte unterbrach sie. „Wenn du uns nichts mitgebracht hast, dann kannst du gleich wieder umkehren", schnarrte sie und wandte sich ab. Auch die anderen Kröten wandten ihr Aufmerksamkeit wieder anderen Dingen zu und Lenja stand geknickt und verzweifelt inmitten der modrigen Höhle. Vor Enttäuschung liefen ihr die Tränen über die Wangen und sie suchte in ihrer Tasche nach einem Taschentuch. Da berührte etwas Weiches ihre Finger.

Eine Idee schoss ihr durch den Kopf und noch einmal wandte sie sich mutig an die große Kröte.

„Ich habe euch etwas mitgebracht", sagte sie laut, sodass sie das Brummen und Quaken übertönte. Die Tiere wandten ihr erneut die breiten Gesichter zu.

„Soso", brummte die Kröte und sah Lenja mit ihren leuchtenden Augen gelangweilt an. „Und was soll das sein?", fragte sie wenig interessiert.

Lenja zog etwas aus der Tasche ihres Nachthemdes und die Kröten machten große Augen. „Das ist Drachenmoos", rief Lenja siegessicher.

Die alte Kröte lachte verächtlich. „Wie willst du kleines Ding denn an Drachenmoos gekommen sein? Lass mich mal riechen", rief sie und schob ihren schweren Körper in Richtung des Mädchens. Lenja hielt ihr das übrige Drachenmoos mit ausgestrecktem Arm entgegen. Die alte Kröte schnüffelte ungläubig daran und riss ihre gelben Glupschaugen weit auf. „Tatsächlich", murmelte sie erstaunt. „Wo hast du das denn her?", fragte sie das Mädchen überrascht.

„Ich habe es in den Fledermaushöhlen gepflückt", erklärte Lenja stolz und fuhr fort: „Ich würde euch das Drachenmoos gerne schenken und hoffe, dass ihr mir im Gegenzug meine Frage beantwortet."

„Oh ja", rief die alte Kröte und nickte eifrig. „Drachenmoos ist sehr wertvoll! Wir werden uns bemühen, dir zu helfen!", versprach sie dem Mädchen.

Also legte Lenja das Drachenmoos auf dem Boden ab, wo es sogleich von einer kleineren Kröte vorsichtig mit dem Maul aufgenommen und weggebracht wurde. Das Mädchen sah ihr skeptisch nach. „Hoffentlich halten sich die Kröten auch an ihr Versprechen", dachte sie sich. Dann erklärte sie den Amphibien ihr Problem. „Ich bin auf der Suche nach dem Weg aus dem Dschungel. Mir wurde gesagt, dass ihr ihn kennt. Bitte verratet ihn mir", bat sie die Kröten und sah sie hilfesuchend an.

Die anwesenden Kröten warfen sich Blicke zu, dann nickte die Anführerin. „Das ist ein fairer Tausch", sagte sie und begann dem Mädchen ausführlich den Weg zu erklären. Lenja konnte es kaum glauben. Endlich konnten sie den Heimweg antreten und mussten nicht mehr wahllos im Urwald umher laufen und dabei hoffen, vielleicht den richtigen Weg zu finden.

Sie dankte der Kröte überschwänglich und machte sich auf den Rückweg zu ihrem Löwen. Als sie der Krötengrotte den Rücken kehrte, begannen die Tiere wieder mit ihrem merkwürdigen Brummen und Lenja war froh, bald wieder an der Erdoberfläche zu sein. Zwar war es interessant gewesen, die Tiere des Erdreiches kennenzulernen, aber sie sehnte sich nach dem wärmenden Sonnenlicht und freute sich darauf, wieder mehr Platz zum Ausstrecken zu haben.

So kroch sie durch das Tunnellabyrinth und dachte daran, dass die gemeinsame Reise mit ihrem tierischen Freund wohl nicht mehr allzu lange andauern würde. Zwar hatte die Kröte gesagt, dass sie noch ein paar Tage würden laufen müssen, bis sie den Rand des Dschungels erreicht hätten, doch Lenja dachte schon jetzt daran, dass sie den Löwen sehr vermissen würde, wenn sie erst einmal wieder zu Hause war. In Gedanken versunken, kam sie an der Höhle der Kaninchen vorbei. Inzwischen waren sowohl die beide Jungtiere als auch die Mutter eingeschlafen und schnarchten im Schlaf sanft vor sich hin. Als sie das friedliche Bild sah, musste sie an ihr Zuhause denken und der Gedanke an ihre Familie ließ sie schneller kriechen. Auch die Mäusehöhle lag im Dunkeln und Lenja konnte hören, wie die kleinen Tierchen schliefen.

Als sie an der Stelle vorbei kam, an der das kleine Würmchen ihr geholfen hatte, hielt sie kurz an, konnte es aber nirgends entdecken. Da sie sich aber gerne bei ihm für seine hilfreichen Tipps bedanken wollte, sagte sie einfach laut: „Vielen Dank kleiner Wurm! Deine Tipps haben mir sehr weiter geholfen", und hoffte, dass er sie vielleicht hören konnte.

Nun war es nicht mehr weit bis zum Ausgang und Lenja merkte schon, dass die Luft frischer und blumiger roch. Bald konnte sie das grüne Schimmern des Dschungels erkennen und war erfreut und erleichtert als sie das Gesicht des Löwen vor sich sah, das besorgt in die Tiefen der Höhle spähte.

KAPITEL 13

Nachsichtigkeit

Als der Löwe seine Freundin im Dunkel des Tunnels erspähte, stieß er vor Erleichterung einen tiefen Seufzer aus. „Lenja! Was bin ich froh, dich endlich wiederzusehen!", rief er, als sie mühsam aus dem Erdloch kroch. Sie war von oben bis unten mit Matsch beschmiert. Erschöpft umarmte sie ihren Freund und begann dann damit, sich kräftig zu strecken. Im engen Tunnellabyrinth hatte sie kaum genug Platz gehabt, um auf allen vieren zu laufen, jetzt konnte sie ihre steifen Glieder endlich wieder ausstrecken. Sie sog gierig die frische Luft ein und freute sich über die Sonnenstrahlen, die ihre Haut kitzelten.

„Und warst du erfolgreich?", fragte der Löwe neugierig und sah das Mädchen hoffnungsvoll an.

„Ja!", rief Lenja stolz und berichtete ihrem Freund, was sie alles unter der Erde erlebt hatte.

„Was ein Glück, dass du noch ein wenig Drachenmoos hattest. Und wie gut, dass du daran gedacht hast, es den Kröten anzubieten!", sagte der Löwe erleichtert und freute sich über die kluge Idee des Mädchens. „Ich bin so froh, dass du wieder heil zurück bist. Ich war ganz verrückt vor Sorge und habe schon überlegt, ob ich den Tunnel mit meinen Pranken aufgraben soll, um dich zu suchen", gestand er ihr.

„Was möchtest du zuerst machen?", fragte er sie dann. „Willst du dich ausruhen und etwas schlafen, oder sollen wir erst nach etwas zu essen suchen?"

Lenjas Magen beantwortete die Frage für sie, denn in diesem Augenblick fing er heftig an zu knurren. Der Löwe lachte. „Alles klar", sagte er. „Dann steig mal auf." Und Lenja schwang sich glücklich auf seinen Rücken.

Es war so schön, wieder auf dem Rücken ihres Freundes zu sitzen. In der Dunkelheit hatte sie ihn wirklich vermisst. Sie genoss es, getragen zu werden und erfreute sich an den bunten, exotischen Dschungelpflanzen.

Nach einer Weile blieb der Löwe vor einem alten Baum stehen. Lenja sah auf und erkannte, dass in seinen Ästen eine Menge Nüsse hingen. Also glitt sie von seinem Rücken und begann den Baum zu erklimmen. Als sie die großen Nüsse erreicht hatte, pflückte sie einige und warf sie eine nach der anderen hinunter zum Löwen. Dieser sammelte sie zu einem kleinen Haufen zusammen. Erst als keine Nuss mehr am Baum hing, kletterte Lenja wieder zu ihrem Freund zurück. Sie war hocherfreut, als sie sah, wie viele Nüsse sie gesammelt hatten. Aus der Schule wusste sie, dass sich Nüsse gut aufbewahren ließen und sie war erleichtert, dass sie jetzt für ein paar Tage keinen Hunger mehr haben mussten. Die beiden machten es sich unter dem alten Baum gemütlich, knackten genüsslich ihre Beute und genossen es, wieder zu zweit zu sein.

„Lass uns jetzt schlafen", sagte Lenja müde, als sie ihren Hunger gestillt hatten. Es wurde schon langsam dunkel im Urwald und die Tiere der Nacht schlüpften aus ihren Behausungen. „Steck du dir ein paar Nüsse in die Taschen deines Nachthemds", schlug der Löwe vor. „Den Rest lege ich hier hinter mich an den Baumstamm", erklärte er.

Lenja tat, was ihr Freund ihr vorgeschlagen hatte, dann kuschelten sie sich wie gewohnt zusammen und sowohl das Mädchen als auch der Löwe waren froh, endlich wieder ohne Sorgen schlafen zu können.

Mitten in der Nacht wachte Lenja plötzlich auf. Sie hatte ein aufgeregtes Schnaufen ganz in ihrer Nähe vernommen. Doch als sie in die Dunkelheit spähte, konnte sie nichts erkennen. Der Mond versteckte sich hinter einer Wolke und es fiel kaum Licht bis unter das Blätterdach. „Vielleicht hat der Löwe einfach nur geschnarcht", überlegte sie und beschloss dann weiterzuschlafen. Also drehte sie sich um und machte es sich wieder gemütlich.

Am nächsten Morgen weckte sie das wütende Knurren ihres großen Freundes. „Was ist denn los?", fragte sie verschlafen und rieb sich die Augen.

„Heute Nacht hat sich jemand an unseren Nüssen bedient!",
rief der Löwe und sah sich aufmerksam nach Fußspuren um. „Es
war wohl ein eher kleines Tier", murmelte er, als er ein paar kleine
Fußabdrücke auf dem erdigen Boden fand.

Lenja stand auf. Tatsächlich, von ihrem großen Vorrat war
kaum mehr etwas übrig. Ein paar vereinzelte Nüsse kullerten
noch über den Boden. „So ein Mist", meinte Lenja und erinnerte
sich plötzlich an das Schnaufen in der Nacht. Schnell erzählte sie
dem Löwen von ihrem Erlebnis.

„Zumindest haben wir noch deine Nüsse, oder?", fragte er
besorgt nach und Lenja steckte ihre Hände in die tiefen Taschen
ihres Nachthemds. Die Nüsse waren noch alle da.

Da sie sich am Abend die Bäuche vollgeschlagen hatten,
verspürten beide keinen Hunger und machten sich daher sogleich
auf den Weg. Lenja vergaß ihren Ärger über den Nussdieb schnell,
denn sie war aufgeregt. Endlich traten sie den Weg aus dem
Urwald an. Endlich kannten sie die Richtung, in die sie gehen
mussten. Sie wusste zwar, dass es noch etwas dauern konnte, bis
sie wirklich an ihrem Ziel waren, aber es war ein tolles Gefühl,
nicht mehr ziellos herumzuirren.

An diesem Tag kamen sie schnell voran. Gerade rechtzeitig
zur Mittagszeit, als die beiden allmählich Hunger bekamen, trafen
sie auf einen hohen Baum, der voller roter, kleiner Früchte hing.

„Das passt ja super", freute sich Lenja und kletterte behände
den Baum empor. Seit sie hier im Dschungel gelandet war, hatten
sich ihre Kletterkünste um einiges verbessert. Flink pflückte

sie die Früchte und sprang zurück auf den Waldboden. Die klebrigen Beeren schmeckten wunderbar süß und Lenjas Laune wurde immer besser. Auch der Löwe schien den Vorfall der Nacht langsam zu vergessen. Den ganzen weiteren Tag liefen sie durch den Urwald und Lenja sang dem Löwen fröhlich ein paar Lieder vor, die sie bei den Mäusen gelernt hatte. Dieser lachte und freute sich über die schöne Stimme des Mädchens.

Als sie sich an diesem Abend zum Schlafen hinlegten, erinnerte er sie jedoch: „Wenn du etwas hören solltest, dann weck mich, ja?" Lenja versprach es und wieder machten sie es sich gemütlich. Schnell schliefen sie ein.

Es war mitten in der Nacht und ein kleines Tier schnüffelte durch die abgekühlte Luft. Langsam trippelte es in Richtung des schlafenden Mädchens. Das roch doch nach etwas Leckerem. Je näher das Tier kam, desto sicherer war es, dass sich da irgendwo noch ein paar Nüsse befanden. Ein leichtes Grunzen entfuhr dem Wesen, doch das Mädchen schien weiterhin friedlich zu schlafen. Jetzt stand es direkt vor dem Kind. Da roch das Tier es ganz deutlich. Vorsichtig versuchte es, seine kleine Schnauze in die Tasche des Nachthemdes zu stecken, um die leckeren Nüsse heraus zu sammeln.

„Ahhh!", schrie Lenja erschrocken. Etwas haariges, feuchtes hatte sie am Arm berührt. Schnell fuhr sie hoch. Angsterfüllt schlug sie um sich und konnte gerade noch einen kleinen braunen Ringelschwanz in der Dunkelheit erkennen, der in vollem Galopp davon raste. Das rennende Wesen grunzte und schnaufte aufgeregt.

Auch der Löwe war nun hellwach. „Das war der Nussdieb!", rief Lenja aufgebracht. „Er wollte die restlichen Nüsse aus meinem Nachthemd stibitzen!"

Plötzlich hörten sie ein lautes, verzweifeltes Quieken durch die Nacht hallen. Die beiden Freunde machten sich auf, um nach der Ursache des Geräusches zu sehen. Es kam ganz aus der Nähe und Lenja war sich sicher, dass es von dem kleinen Dieb stammte.

Sie mussten nicht weit gehen, da kamen sie zu einem tiefen Graben. Das Mondlicht beschien ein kleines Wesen, das verzweifelt versuchte, die Wände seines Gefängnisses zu erklimmen. Doch diese waren viel zu hoch und was es auch probierte, es kam nicht aus der Grube. Als es den Löwen und das Mädchen sah, die zu ihm hinab blickten, quiekte es noch einmal angsterfüllt und begann zu zittern. Lenja erkannte, dass es sich um ein kleines Schweinchen handelte. Es hatte ein braunes Fell, eine kleine Schnauze und einen hübschen Ringelschwanz.

„Hey", rief Lenja freundlich zu dem Tierchen hinunter. Sie wollte es auf keinen Fall noch mehr in Angst versetzen. „Keine Sorge, wir helfen dir", versicherte sie ihm.

„Oh!", quiekte das kleine Ferkel. „Oh, wie lieb! Ich wollte euch auch eigentlich nichts wegnehmen. Aber ich hatte so einen großen Hunger! Hier in der Gegend wächst alles nur so weit oben auf den Bäumen, dass ich nicht dran komme. Schon seit Tagen habe ich nichts Vernünftiges zu essen gehabt und die Nüsse letzte Nacht waren so lecker. Darum bin ich euch gefolgt", erklärte es schuldbewusst. „Du kannst übrigens schön singen", fügte es schüchtern hinzu.

Lenja lachte und bedankte sich für das Kompliment. „Du hättest uns ruhig fragen können", antwortete der Löwe. „Wir hätten dir gerne etwas abgegeben." Das kleine Schwein sah verlegen zu Boden.

„So, jetzt wollen wir dich aber erst einmal da rausholen", sagte Lenja und sah sich nach einer Liane um. Als sie eine dicke, starke Ranke gefunden hatte, band sie sich das eine Ende fest um den Bauch, das andere knotete sie um den Bauch des Löwen. „So kannst du uns hochziehen, wenn ich den Kleinen auf dem Arm habe", erklärte sie ihm. Der Löwe nickte.

Dann stieg sie in die Grube hinab und hob den kleinen Kerl vorsichtig hoch. Er wog kaum etwas und Lenja fragte sich, wie sie vor diesem Schweinchen hatte Angst haben können. Sie gab dem Löwen das Kommando und ohne Probleme zog ihr starker Freund die beiden aus dem Graben.

„Danke!", rief das Tierchen, als Lenja es auf dem sicheren Waldboden absetzte. „Es ist so lieb, dass ihr mir helft, obwohl ich euch beklaut habe", grunzte es und sah dankbar zu den beiden auf.

„Wenn jemand Hilfe bracht, dann bekommt er sie auch", erklärte Lenja mit einem Lächeln.

„Und Hunger lässt einen manchmal nicht klar denken", ergänzte der Löwe. „Mach dir keine Gedanken. Es ist alles in Ordnung."

KAPITEL 14

Der Traum

Die beiden Freunde suchten gemeinsam mit dem kleinen Schweinchen einen nahe gelegenen Obstbaum auf und Lenja kletterte hinauf, um dem hungrigen Tier einen ganzen Haufen der leckeren Früchte hinunter zu werfen. Sofort fing das Ferkel an zu schmatzen und zu schlürfen. „Vielen Dank!", rief es mit vollem Mund. Das Mädchen und der Löwe verabschiedeten sich lächelnd von dem glücklich schmatzenden Tier und beschlossen den Weg aus dem Dschungel anzutreten. Es war inzwischen früher Morgen und das Licht fiel allmählich durch das grüne Blattwerk. Der Dschungel begann zu erwachen und Lenja erfreute sich einmal mehr an der wunderschönen Pflanzenvielfalt des Urwaldes.

Sie war guter Ding und hatte das Gefühl, dass dies ihr letzter Tag im Dschungel werden würde. Lenja freute sich unheimlich darauf, ihre Familie und ihre Freunde wieder zu sehen, aber sie musste sich eingestehen, dass sie den Löwen und überraschenderweise auch den üppigen Urwald vermissen würde. Es war ein spannendes, manchmal auch gefährliches Abenteuer gewesen, aber das Mädchen war froh, um das, was sie auf dem Weg durch diese grüne Wildnis gelernt hatte. Sie hatte interessante Bekanntschaften gemacht und auch viel über sich selbst erfahren.

Gedankenversunken ging sie neben dem Löwen her. Dann fiel ihr ein, dass sie sich vielleicht ein wenig auf den Weg konzentrieren sollte.

„Wir müssen die Ohren spitzen. Irgendwo hier soll wohl das Rauschen beginnen, von dem die Kröte sprach", erinnerte sie den Löwen.

„Daran erkennen wir, dass wir auf dem richtigen Weg sind, stimmts?", fragte der Löwe das Mädchen. Sie nickte. Es wäre ein Jammer, sich jetzt, auf den letzten Metern vor dem Ziel, noch zu verlaufen. Also gingen sie behutsam weiter und horchten angestrengt. Auch diesmal war es der Löwe, der zuerst innehielt und lauschte. Mit seinen empfindlichen Ohren hatte er etwas gehört. Dann ging er gezielt in die Richtung aus der er das Geräusch wahrgenommen hatte. Und tatsächlich, nachdem sie ein paar weitere Meter zurückgelegt hatten, konnte auch Lenja das leise stetige Rauschen vernehmen. Mit jedem Schritt schien es lauter zu werden, bis sie neben dem Geräusch fast nichts mehr anderes hören konnten.

„Was ist das?", fragte Lenja laut, doch da sah sie es schon. Ein riesiger Wasserfall ergoss sich in einen rauschenden Fluss. „Wow!", entfuhr es den beiden Freunden gleichzeitig. Es war ein wunderschöner Anblick. Das Wasser sprühte durch die Luft und die Sonne funkelte und glitzerte auf den winzigen Wassertröpfchen.

„Okay, wir sollen durch das Rauschen gehen, meinte die alte Kröte. Dahinter endet der Dschungel", erklärte Lenja. Der Löwe sah sie an. „Also müssen wir ins Wasser? Hinter den Wasserfall?", fragte er missmutig. „Ich denke schon", antwortete das Mädchen.

Und so gingen sie ans Ufer des Flusses. Das Wasser war kühl, aber nicht unangenehm und Lenja und der Löwe schwammen in Richtung des Wasserfalls. „Schau mal, hier ist eine kleine Lücke, hier können wir hindurch schlüpfen!", rief der Löwe seiner Freundin über das Dröhnen hinweg zu. Lenja nickte. Die beiden schlängelten sich durch die Lücke im Wasserfall und schon waren sie hinter den Wassermassen. Der Wasserfall rauschte nun in ihrem Rücken und Lenja sah, dass es hier eine Art Höhle gab. Die beiden kletterten aus dem Wasser und der Löwe schüttelte sich kräftig. Vorsichtig gingen sie über den glitschigen, steinernen Boden der Höhle. Sie mussten nicht lange laufen, bis es schon wieder heller wurde. Lenja sah den Ausgang zuerst und lief eilig darauf zu. Als sie aus der Höhlenöffnung hinauskletterte, traute sie ihren Augen nicht! Sie stand tatsächlich am Rande des riesigen Dschungels! Als auch der Löwe in die Sonne trat, umarmten sie sich. Die beiden waren glücklich, es endlich geschafft zu haben.

„Ich kann es kaum glauben! Endlich haben wir unser Ziel erreicht!", rief der Löwe. „Lass uns noch einmal zusammen ausruhen", sagte er dann und gähnte. „Das war eine anstrengende Wanderung heute. Ich denke, es ist sinnvoll, wenn wir noch einmal die Nacht hier verbringen. Morgen können wir dann nach Hause gehen", murmelte er und machte es sich bequem. Lenja stimmte ihm zu. Eine letzte Nacht wohlbehütet neben ihrem großen Freund zu schlafen, schien ihr ein guter Abschied vom Dschungel. Daher machten sie es sich gemütlich und kuschelten sich ein letztes Mal nebeneinander. Als Lenja die Augen schloss, hörte sie noch, wie der Löwe ein wenig traurig murmelte: „Ich werde dich vermissen, Mädchen." Dann war sie auch schon eingeschlafen.

In dieser Nacht hatte Lenja einen Traum. Sie träumte davon, wie sie durch den dunklen Dschungel lief. Die Blüten rochen intensiv süß und die Vögel zwitscherten laut. Sie sah sich um und sah einen dunklen Schatten auf sich zukommen. Erst wollte sie sich wegducken, doch dann erkannte sie die kleine Fledermaus, die sie in der Fledermaushöhle kennengelernt hatte. Diese landete geschmeidig auf Lenjas Schulter. „Ich wollte mich nur von dir verabschieden", sagte sie mit ihrer zarten Stimme und gab Lenja einen kleinen Kuss auf die Wange. Das Mädchen lächelte. „Das hast du gut gemacht", rief die Fledermaus, als sie sich schon wieder in die Lüfte erhob. „Du hast dein Ziel erreicht!" Und schon war sie wieder auf und davon.

Als Lenja verwundert weiterging, hörte sie Musik. In der Ferne sah sie eine Lichtung, von der die fröhlichen Melodien zu ihr hinüber hallten. Neugierig ging sie darauf zu. Als sie dort ankam, blieb sie erstaunt stehen. Im warmen Licht der Sonne tummelten sich viele verschiedene Tiere zu den lustigen Liedern.

Lenja sah genauer hin und entdeckte die Affenfamilie. Sogar Affenopa und Affenoma tanzten vergnügt. Daneben konnte sie den Riesenotter und den kleinen Krebs zum Rhythmus tanzen sehen. Am Boden schlängelte sich die grüne Schlange und für einen Augenblick dachte Lenja, sie hätte die dicke alte Kröte vorbei huschen sehen. Als sie näher trat, erkannte sie auch die kleinen Mäuse aus der Höhle. Auch diesmal feierten sie fröhlich mit. Die beiden Kaninchenkinder ignorierten den Lärm und hatten sich etwas abseits wieder an das weiche Fell ihrer Mutter gekuschelt. Die Spinne tanzte mit der Ameise und die beiden leuchtenden Käfer, die Lenja zum Mangobaum geführt hatten, flogen in tollen Formationen zur Musik durch die Luft. Das Faultierkind tanzte vergnügt mit seinem Vater und das lustige Erdferkel wackelte mit seinem Hinterteil zum Takt. Grinsend warf es ihr eine Kusshand zu. In der Ferne konnte sie das Wolfsrudel über die Lichtung rennen sehen, mittendrin der kleine weiße Wolf.

Die tanzenden Tiere winkten Lenja fröhlich zu und sie winkte zurück. Gerade wollte sie sich zu ihnen gesellen, da steckte ein kleines Würmchen seinen Kopf aus dem Baumstamm neben ihr. „Hallo!", sagte es. „Hi!", begrüßte Lenja das Tierchen und war erfreut es noch einmal zu sehen. „Vielen Dank für deine Hilfe in der Höhle", sagte sie schnell, denn sie wollte nicht, dass der Wurm wieder verschwand, bevor sie sich bedanken konnte. „Nichts zu danken!", erwiderte dieser und nickte mit seinem Köpfchen. „Du solltest nicht vom Weg abkommen", fuhr er ernst fort. Lenja war verwirrt. „Nicht?", fragte sie. „Nein. Das Abenteuer ist bald zu Ende und es gibt jemanden, der sich noch von dir verabschieden möchte", sprach das Würmchen und schon war es wieder verschwunden. Da das Tierchen auch mit seinem letzten Rat richtig gelegen hatte, beschloss Lenja auf ihn zu hören. Sie winkte den tanzenden Dschungeltieren noch einmal wehmütig zu und setzte ihren Weg fort. Während sie lief, überlegte sie, wen sie wohl noch treffen würde. Welches Tier wollte sich noch von ihr verabschieden?

Doch da sah sie ihn und es wurde ihr schwer ums Herz. Zwar hatte sie auch die anderen Tiere in ihr Herz geschlossen, doch ihren großen Löwen würde sie schmerzlich vermissen. Ihr treuer Freund stand am Rande des Dschungels und wartete auf sie. Lenja fiel ihm in die Arme und drückte ihn ganz fest. Und noch während sie ihren guten Freund umarmte, wachte sie auf.

Langsam öffnete sie die Augen und sah sich verwirrt um. Die Geräusche des Dschungels waren verschwunden. Das Mädchen lag in seinem gemütlichen Bett. Sie war zu Hause und befand sich wieder in ihrem Schlafzimmer. In ihren Armen hielt sie einen kuscheligen Löwen auf Stoff.

Printed in Poland
by Amazon Fulfillment
Poland Sp. z o.o., Wrocław

13765702R00067